中国旅游统计年鉴

（副本）

THE YEARBOOK OF CHINA TOURISM STATISTICS (SUPPLEMENT)

2010

中 华 人 民 共 和 国 国 家 旅 游 局
NATIONAL TOURISM ADMINISTRATION OF THE PEOPLE'S REPUBLIC OF CHINA

中国旅游统计年鉴编辑委员会

LIST OF EDITORIAL BOARD OF THE YEARBOOK OF CHINA TOURISM STATISTICS

编 者 说 明

《中国旅游统计年鉴（副本）2010》是反映2009年我国旅游业供给要素诸方面情况的资料性年刊。主要内容有，上篇：全国旅游企业综合资料，包括各省（区、市）和主要城市旅游企业的主要经济指标；下篇：全国星级饭店综合资料。

作为《中国旅游统计年鉴》的重要补充，该书是了解、研究我国旅游生产力的规模、布局、结构以及旅游企业经济效益等方面情况的重要参考资料，翔实的旅游饭店的统计资料，对于研究旅游饭店业在我国旅游业跨世纪发展中的地位、作用及自身发展轨迹更具有重要的参考价值。该书可供旅游部门、国民经济各有关部门、教学科研单位以及经济工作者和大专院校师生使用。

本书资料来源于全国各省、自治区、直辖市旅游局每年进行的定期报表统计。在编辑过程中，我们对各地的数字进行了核实、调整，统计口径与国家旅游局和国家统计局联合制定的《旅游统计调查制度》规定的口径一致。

全国统计数据均未包括我国香港特别行政区、澳门特别行政区和台湾省的数字。

本年鉴（副本）中有“#”号者表示为该栏的主要项或其中项；有“—”号者表示该项数据不详或无可比性。

中国旅游统计年鉴编委会

二〇一〇年九月

目　　录

上篇　全国旅游企业综合资料

下篇　全国星级饭店综合资料

上　　篇

全国旅游企业综合资料

2009年旅游行业经营统计报告

国家旅游局政策法规司

(2010年9月)

2009年，全国共有旅行社、星级饭店、旅游景区等旅游企事业单位49720家，比上年增长2.0%；拥有固定资产原值8275.89亿元，增长3.8%；年营业收入4528.15亿元，增长4.5%；向国家上缴营业税170.64亿元。

一、旅游企业规模情况

(一)企业数量

2009年，全国共有旅行社、星级饭店、旅游景区等旅游企事业单位49720家，比上年末增长2.0%，具体构成是：旅行社20399家，星级饭店14237家，旅游景区、旅游车船公司等其他旅游企业15084家。

(二)从业人员情况

到2009年末，全国旅行社、星级饭店、旅游景区等旅游企事业单位从业人员274.93万人。具体构成是：旅行社30.90万人；星级饭店167.26万人；旅游景区、旅游车船公司等其他旅游企事业单位76.77万人。

2009年末，全国旅行社、星级饭店、旅游景区等旅游企事业单位从业人员居前10位的省(区、市)是：(1)广东32.71万人；(2)浙江21.24万人；(3)辽宁19.76万人；(4)北京18.39万人；(5)江苏16.09万人；(6)山东14.47万人；(7)河北13.87万人；(8)上海12.85万人；(9)湖南11.01万人；(10)山西10.87万人。

(三)固定资产

到2009年末，全国旅行社、星级饭店、旅游景区等旅游企事业单位拥有固定资产原值8275.89亿元，比上年末增长3.8%，其中53.7%的固定资产集中于星级饭店。

在拥有的8275.89亿元固定资产中，旅行社585.96亿元，占7.1%；星级饭店4442.98亿元，占53.7%；旅游景区、旅游车船公司等其他旅游企事业单位3246.95亿元，占39.2%。

到2009年末，拥有旅行社、星级饭店、旅游景区等旅游企事业单位固定资产原值居前10位的省(区、市)是：(1)广东892.60亿元；(2)北京883.72亿元；(3)上海703.19亿元；(4)贵州510.75亿元；(5)浙江481.48亿元；(6)江苏448.13亿元；（7）辽宁 416. 21 亿元；（8）山东 325. 58 亿元；（9）河北 302. 04 亿元；（10）云南 284. 81 亿元。

二、旅游企业经营情况

（一）总体情况

2009 年，全国旅行社、星级饭店、旅游景区等旅游企事业单位年营业收入 4528. 15 亿元，向国家上缴营业税 170. 64 亿元。

2009 年，上述几类旅游企事业单位实现营业收入居全国前 10 位的省（区、市）是：（1）北京 527. 70 亿元；（2）广东 488. 48 亿元；（3）上海 458. 95 亿元；（4）浙江 359. 05 亿元；（5）江苏 335. 16 亿元；（6）山东 244. 86 亿元；（7）四川 199. 00 亿元；（8）辽宁 193. 48 亿元；（9）湖南 128. 76 亿元；（10）江西 124. 37 亿元。

2009 年，上述几类旅游企事业单位向国家上缴营业税居全国前 10 位的省（区、市）是：（1）广东 31. 25 亿元；（2）北京 14. 76 亿元；（3）浙江 12. 68 亿元；（4）上海 10. 93 亿元；（5）江苏 10. 56 亿元；（6）辽宁 9. 40 亿元；（7）山东 8. 98 亿元；（8）四川 7. 43 亿元；（9）河北 6. 14 亿元；（10）贵州 5. 61 亿元。

（二）旅行社

2009 年，全国 20399 家旅行社共实现营业收入 1806. 53 亿元，比上年增长 8. 5%；向国家上缴税金 12. 59 亿元，比上年增长 12. 4%；旅行社实现利润 11. 48 亿元；旅行社的全员劳动生产率为 58. 47 万元/人；全年人均实现利税 0. 78 万元/人。

2009 年，旅行社营业收入居全国前 10 位的省（区、市）是：（1）北京 275. 36 亿元；（2）广东 264. 44 亿元；（3）上海 260. 65 亿元；（4）浙江 145. 61 亿元；（5）江苏 141. 70 亿元；（6）山东 81. 92 亿元；（7）云南 67. 18 亿元；（8）福建 64. 08 亿元；（9）湖南 54. 84 亿元；（10）辽宁 50. 97 亿元。

2009 年，旅行社上缴税金居全国前 10 位的省（区、市）是：（1）广东 3. 04 亿元；（2）北京 2. 20 亿元；（3）上海 1. 25 亿元；（4）江苏 1. 17 亿元；（5）浙江 1. 02 亿元；（6）山东 0. 55 亿元；（7）云南 0. 44 亿元；（8）福建 0. 35 亿元；（9）辽宁 0. 30 亿元；（10）安徽 0. 25 亿元。

（三）星级饭店

到 2009 年末，全国共有星级饭店 14237 家，比上年末增加 138 家，增长 1. 0%；其中内资饭店 13663 家，外资饭店 574 家。全国星级饭店共实现营业收入 1818. 18 亿元；上缴营业税金 122. 16 亿元；全员劳动生产率 10. 87 万元/人。

2009 年，星级饭店营业收入居全国前 10 位的省（区、市）是：（1）北京 208. 38 亿元；（2）浙江 189. 49 亿元；（3）山东 162. 94 亿元；（4）江苏 144. 20 亿元；（5）广东 143. 79 亿元；（6）上海 131. 52 亿元；（7）辽宁 67. 10 亿元；（8）四川 58. 30 亿元；

(9)福建50.62亿元;(10)湖北50.50亿元。

2009年,星级饭店上缴营业税金居全国前10位的省(区、市)是:(1)广东24.23亿元;(2)北京11.48亿元;(3)浙江10.19亿元;(4)山东8.43亿元;(5)江苏7.89亿元;(6)上海6.97亿元;(7)辽宁5.79亿元;(8)四川4.38亿元;(9)河北4.28亿元;(10)福建3.89亿元。

(四)其他旅游企业

2009年,纳入统计范围的主要旅游景区、旅游车船公司等"其他旅游企业"有15084家,全年共实现营业收入903.39亿元,向国家上缴营业税金35.80亿元。

附表1　2009年旅游业基本单位数;

附表2　2009年旅游业从业人员情况;

附表3　2009年旅游企业主要经济指标;

附表4　2009年旅游业固定资产情况。

附表 1

2009 年旅游业基本单位数(按地区分)

单位:家

	合　计	星级饭店	旅行社	其他旅游企业
合　计	**49 720**	**14 237**	**20 399**	**15 084**
北　京	1 742	750	805	187
天　津	614	111	267	236
河　北	2 118	474	1 060	584
山　西	1 441	352	681	408
内蒙古	1 321	262	614	445
辽　宁	2 565	530	1 001	1 034
吉　林	923	226	473	224
黑龙江	1 233	295	490	448
上　海	1 509	298	851	360
江　苏	4 327	916	1 646	1 765
浙　江	3 156	1 088	1 447	621
安　徽	1 355	451	795	109
福　建	1 422	422	626	374
江　西	1 241	380	647	214
山　东	2 659	907	1 752	0
河　南	2 501	522	1 017	962
湖　北	2 224	605	816	803
湖　南	1 689	561	610	518
广　东	2 651	1 047	1 047	557
广　西	1 174	437	385	352
海　南	605	238	208	159
重　庆	867	273	346	248
四　川	2 739	534	631	1 574
贵　州	1 089	320	215	554
云　南	1 860	826	450	584
西　藏	307	149	39	119
陕　西	1 319	338	531	450
甘　肃	1 025	312	335	378
青　海	392	123	173	96
宁　夏	239	57	85	97
新　疆	1 413	433	356	624

附表 2

2009 年旅游业从业人员情况(按地区分)

单位:人

	合 计	星级饭店	旅行社	其他旅游企 业
合 计	**2 749 298**	**1 672 602**	**308 978**	**767 718**
北 京	183 918	133 500	22 517	27 901
天 津	25 726	18 688	4 093	2 945
河 北	138 715	86 099	9 193	43 423
山 西	108 719	37 935	8 438	62 346
内蒙古	35 592	23 157	4 678	7 757
辽 宁	197 573	65 798	9 599	122 176
吉 林	30 481	20 618	4 859	5 004
黑龙江	33 096	23 936	4 909	4 251
上 海	128 546	73 831	20 370	34 345
江 苏	160 903	109 895	18 859	32 149
浙 江	212 380	144 755	22 989	44 636
安 徽	51 898	42 036	9 862	0
福 建	65 196	52 203	11 123	1 870
江 西	70 865	28 008	8 284	34 573
山 东	144 672	124 500	20 172	0
河 南	57 595	34 714	11 222	11 659
湖 北	88 875	53 704	11 879	23 292
湖 南	110 117	56 796	11 811	41 510
广 东	327 136	178 019	32 121	116 996
广 西	77 429	48 176	8 055	21 198
海 南	45 656	29 328	5 969	10 359
重 庆	53 767	38 756	6 122	8 889
四 川	97 154	57 383	10 459	29 312
贵 州	30 690	21 642	2 979	6 069
云 南	82 498	40 888	11 245	30 365
西 藏	10 986	9 968	847	171
陕 西	53 195	41 358	7 287	4 550
甘 肃	53 679	24 789	3 496	25 394
青 海	6 881	4 721	1 254	906
宁 夏	13 817	10 235	1 004	2 578
新 疆	51 543	37 166	3 283	11 094

附表 3

2009 年旅游企业

	营业收入（万元）	利　润（万元）	税　金（万元）
合　计	**45 281 467.40**	**1 057 893.82**	**1 706 400.15**
北　京	5 276 998.25	-46 906.77	147 613.96
天　津	447 145.54	-21 301.45	21 734.24
河　北	1 040 584.90	22 951.92	61 373.72
山　西	819 081.57	3 641.20	33 490.48
内蒙古	432 550.38	-1 889.00	13 244.58
辽　宁	1 934 821.35	19 093.78	93 991.21
吉　林	437 898.18	16 133.18	15 041.57
黑龙江	411 229.23	15 920.40	16 244.82
上　海	4 589 511.24	228 017.76	109 299.43
江　苏	3 351 621.20	4 115.38	105 591.27
浙　江	3 590 458.09	89 619.08	126 824.15
安　徽	711 177.00	14 389.56	25 241.41
福　建	1 179 660.47	11 853.01	43 581.22
江　西	1 243 723.93	28 450.92	40 772.22
山　东	2 448 648.40	12 685.71	89 813.89
河　南	1 108 621.47	64 334.72	38 666.32
湖　北	1 242 555.88	133 857.52	40 188.78
湖　南	1 287 645.82	52 208.94	33 774.43
广　东	4 884 758.09	134 512.18	312 544.92
广　西	907 900.28	5 866.24	30 713.16
海　南	760 386.14	84 007.84	24 475.42
重　庆	861 929.30	3 917.03	17 868.38
四　川	1 989 982.93	61 810.98	74 297.28
贵　州	838 678.41	47 479.06	56 110.42
云　南	1 202 271.48	3 715.95	35 633.06
西　藏	73 274.34	1 823.12	3 020.17
陕　西	766 451.64	-9 379.06	21 253.63
甘　肃	306 587.46	3 234.36	11 187.05
青　海	101 411.40	510.28	5 109.29
宁　夏	159 438.29	379.81	6 991.33
新　疆	874 464.79	72 840.17	50 708.34

注：本表中，旅游企业仅包括旅行社、星级饭店、旅游景区、旅游车船公司和其他旅游企业经营情况。

主要经济指标(按地区分)

全员劳动生产率（万元/人）	人均实现利税（万元/人）	人均实现利润（万元/人）
16.47	**1.01**	**0.38**
28.69	0.55	-0.26
17.38	0.02	-0.83
7.50	0.61	0.17
7.53	0.34	0.03
12.15	0.32	-0.05
9.79	0.57	0.10
14.37	1.02	0.53
12.43	0.97	0.48
35.70	2.62	1.77
20.83	0.68	0.03
16.91	1.02	0.42
13.70	0.76	0.28
18.09	0.85	0.18
17.55	0.98	0.40
16.93	0.71	0.09
19.25	1.79	1.12
13.98	1.96	1.51
11.69	0.78	0.47
14.93	1.37	0.41
11.73	0.47	0.08
16.65	2.38	1.84
16.03	0.41	0.07
20.48	1.40	0.64
27.33	3.38	1.55
14.57	0.48	0.05
6.67	0.44	0.17
14.41	0.22	-0.18
5.71	0.27	0.06
14.74	0.82	0.07
11.54	0.53	0.03
16.97	2.40	1.41

等 49444 家纳入全面统计报表的基层单位，不包括社会旅馆、个体旅馆等其他旅游住宿设施的

附表 4

2009 年旅游业固定资产情况

单位:万元

	合　计	星级饭店	旅行社	其他旅游企业
合　计	**82 758 872.51**	**44 429 775.35**	**5 859 589.69**	**32 469 507.47**
北　京	8 837 212.87	6 436 779.00	1 167 937.53	1 232 496.34
天　津	639 611.24	380 346.94	78 069.76	181 194.54
河　北	3 020 448.19	1 286 261.15	73 870.89	1 660 316.15
山　西	1 524 168.47	625 825.22	70 883.91	827 459.34
内蒙古	891 060.75	536 638.27	53 348.56	301 073.92
辽　宁	4 162 081.15	2 130 541.88	117 455.07	1 914 084.20
吉　林	909 185.35	611 076.31	58 259.41	239 849.63
黑龙江	1 327 689.20	726 930.17	57 521.54	543 237.49
上　海	7 031 940.91	3 432 414.16	791 316.75	2 808 210.00
江　苏	4 481 305.06	2 760 497.20	378 192.86	1 342 615.00
浙　江	4 814 815.25	3 362 429.98	336 039.29	1 116 345.98
安　徽	876 917.75	786 030.72	90 887.03	0.00
福　建	1 570 678.19	1 318 664.86	178 379.75	73 633.58
江　西	2 515 621.70	680 985.21	57 895.86	1 776 740.63
山　东	3 255 825.72	2 977 558.76	278 266.96	0.00
河　南	1 798 666.14	945 495.72	87 678.99	765 491.43
湖　北	2 268 987.33	1 196 946.46	148 879.84	923 161.03
湖　南	2 576 445.16	1 037 835.80	75 162.86	1 463 446.50
广　东	8 926 039.29	4 023 000.91	903 072.72	3 999 965.66
广　西	1 492 386.86	949 831.08	80 600.59	461 955.19
海　南	1 967 686.61	1 531 489.50	75 882.93	360 314.18
重　庆	1 256 869.16	728 438.63	119 688.78	408 741.75
四　川	2 790 900.86	1 519 395.11	136 673.26	1 134 832.49
贵　州	5 107 480.90	336 921.33	31 049.77	4 739 509.80
云　南	2 848 121.04	1 101 587.66	200 377.38	1 546 156.00
西　藏	352 005.28	313 847.00	34 561.55	3 596.73
陕　西	1 460 500.68	906 913.54	66 879.66	486 707.48
甘　肃	1 015 269.05	513 676.99	46 165.79	455 426.27
青　海	203 273.48	127 616.48	16 656.76	59 000.24
宁　夏	294 649.35	208 432.38	8 643.25	77 573.72
新　疆	2 541 029.52	935 366.93	39 290.39	1 566 372.20

一、全国旅游企业综合资料

1－1　全国旅游企业

	固定资产原值（万元）	营业收入（万元）	利润（万元）	税金（万元）
合计	**82 758 872.51**	**45 281 467.45**	**1 057 893.82**	**1 706 400.15**
（一）旅行社	5 859 589.69	18 065 300.87	114 845.19	126 861.43
（二）星级饭店	44 429 775.35	18 181 805.40	－115 156.06	1 221 553.62
内资饭店	36 690 489.64	15 813 476.76	－172 572.62	1 066 528.06
外资饭店	7 739 285.71	2 368 328.64	57 416.56	155 025.56
（三）旅游景区	25 139 430.91	7 625 385.93	895 504.33	295 072.98
（四）其他旅游企业	7 330 076.56	1 408 975.25	162 700.36	62 912.12

主要经济指标(按行业分)

利润率(%)	全员劳动生产率(万元/人)	人均实现利税(万元/人)	人均实现利润(万元/人)	人均固定资产原值(万元/人)	从业人员(人)	企业数(家)
2.34	**16.47**	**1.01**	**0.38**	**30.10**	**2 749 298**	**49 720**
0.64	58.47	0.78	0.37	18.96	308 978	20 399
-0.63	10.87	0.66	-0.07	26.56	1 672 602	14 237
-1.09	10.41	0.59	-0.11	24.15	1 519 247	13 663
2.42	15.44	1.39	0.37	50.47	153 355	574
11.74	11.06	1.73	1.3	36.46	689 514	7 775
11.55	18.02	2.88	2.08	93.73	78 204	7 309

1－2 全国旅游企业

	固定资产原值（万元）	营业收入（万元）	利润（万元）	税金（万元）
总计	**82 758 872.51**	**45 281 467.45**	**1 057 893.82**	**1 706 400.15**
北京	8 837 212.87	5 276 998.25	－46 906.77	147 613.96
天津	639 611.24	447 145.54	－21 301.45	21 734.24
河北	3 020 448.19	1 040 584.90	22 951.92	61 373.72
山西	1 524 168.47	819 081.57	3 641.20	33 490.48
内蒙古	891 060.75	432 550.38	－1 889.00	13 244.58
辽宁	4 162 081.15	1 934 821.35	19 093.78	93 991.21
吉林	909 185.35	437 898.18	16 133.18	15 041.57
黑龙江	1 327 689.20	411 229.23	15 920.40	16 244.82
上海	7 031 940.91	4 589 511.24	228 017.76	109 299.43
江苏	4 481 305.06	3 351 621.20	4 115.38	105 591.27
浙江	4 814 815.25	3 590 458.09	89 619.08	126 824.15
安徽	876 917.75	711 177.00	14 389.56	25 241.41
福建	1 570 678.19	1 179 660.47	11 853.01	43 581.22
江西	2 515 621.70	1 243 723.93	28 450.92	40 772.22
山东	3 255 825.72	2 448 648.40	12 685.71	89 813.89
河南	1 798 666.14	1 108 621.47	64 334.72	38 666.32
湖北	2 268 987.33	1 242 555.88	133 857.52	40 188.78
湖南	2 576 445.16	1 287 645.82	52 208.94	33 774.43
广东	8 926 039.29	4 884 758.09	134 512.18	312 544.92
广西	1 492 386.86	907 900.28	5 866.24	30 713.16
海南	1 967 686.61	760 386.14	84 007.84	24 475.42
重庆	1 256 869.16	861 929.30	3 917.03	17 868.38
四川	2 790 900.86	1 989 982.93	61 810.98	74 297.28
贵州	5 107 480.90	838 678.41	47 479.06	56 110.42
云南	2 848 121.04	1 202 271.48	3 715.95	35 633.06
西藏	352 005.28	73 274.34	1 823.12	3 020.17
陕西	1 460 500.68	766 451.64	－9 379.06	21 253.63
甘肃	1 015 269.05	306 587.46	3 234.36	11 187.05
青海	203 273.48	101 411.40	510.28	5 109.29
宁夏	294 649.35	159 438.29	379.81	6 991.33
新疆	2 541 029.52	874 464.79	72 840.17	50 708.34

主要经济指标(按地区分)

利润率 (%)	全员劳动生产率 (万元/人)	人均实现利税 (万元/人)	人均实现利润 (万元/人)	人均固定资产原值 (万元/人)	从业人员 (人)	企业数 (家)
2.34	**16.47**	**1.01**	**0.38**	**30.10**	**2 749 298**	**49 720**
-0.89	28.69	0.55	-0.26	48.05	183 918	1 742
-4.76	17.38	0.02	-0.83	24.86	25 726	614
2.21	7.50	0.61	0.17	21.77	138 715	2 118
0.44	7.53	0.34	0.03	14.02	108 719	1 441
-0.44	12.15	0.32	-0.05	25.04	35 592	1 321
0.99	9.79	0.57	0.10	21.07	197 573	2 565
3.68	14.37	1.02	0.53	29.83	30 481	923
3.87	12.43	0.97	0.48	40.12	33 096	1 233
4.97	35.70	2.62	1.77	54.70	128 546	1 509
0.12	20.83	0.68	0.03	27.85	160 903	4 327
2.50	16.91	1.02	0.42	22.67	212 380	3 156
2.02	13.70	0.76	0.28	16.90	51 898	1 355
1.00	18.09	0.85	0.18	24.09	65 196	1 422
2.29	17.55	0.98	0.40	35.50	70 865	1 241
0.52	16.93	0.71	0.09	22.50	144 672	2 659
5.80	19.25	1.79	1.12	31.23	57 595	2 501
10.77	13.98	1.96	1.51	25.53	88 875	2 224
4.05	11.69	0.78	0.47	23.40	110 117	1 689
2.75	14.93	1.37	0.41	27.29	327 136	2 651
0.65	11.73	0.47	0.08	19.27	77 429	1 174
11.05	16.65	2.38	1.84	43.10	45 656	605
0.45	16.03	0.41	0.07	23.38	53 767	867
3.11	20.48	1.40	0.64	28.73	97 154	2 739
5.66	27.33	3.38	1.55	166.42	30 690	1 089
0.31	14.57	0.48	0.05	34.52	82 498	1 860
2.49	6.67	0.44	0.17	32.04	10 986	307
-1.22	14.41	0.22	-0.18	27.46	53 195	1 319
1.05	5.71	0.27	0.06	18.91	53 679	1 025
0.50	14.74	0.82	0.07	29.54	6 881	392
0.24	11.54	0.53	0.03	21.33	13 817	239
8.33	16.97	2.40	1.41	49.30	51 543	1 413

1－3 全国旅行社

	固定资产原值（万元）	营业收入（万元）	利润（万元）	税金（万元）
总计	**5 859 589.69**	**18 065 300.87**	**114 845.19**	**126 861.43**
北京	1 167 937.53	2 753 605.89	11 983.83	21 963.86
天津	78 069.76	176 256.33	－2 052.48	1 008.88
河北	73 870.89	197 446.22	－171.72	948.06
山西	70 883.91	157 795.85	－945.78	536.92
内蒙古	53 348.56	102 581.91	1 312.10	1 021.38
辽宁	117 455.07	509 665.04	2 921.24	2 985.11
吉林	58 259.41	87 395.96	25.80	698.85
黑龙江	57 521.54	164 721.91	1 504.81	1 673.81
上海	791 316.75	2 606 481.43	35 824.55	12 503.72
江苏	378 192.86	1 417 023.62	13 634.04	11 708.98
浙江	336 039.29	1 456 099.03	9 673.77	10 212.64
安徽	90 887.03	326 986.87	3 099.09	2 453.87
福建	178 379.75	640 819.82	2 027.53	3 547.52
江西	57 895.86	201 496.69	644.73	1 088.40
山东	278 266.96	819 204.04	6 446.93	5 503.95
河南	87 678.99	221 808.64	1 101.93	1 424.86
湖北	148 879.84	354 268.15	1 708.84	2 172.48
湖南	75 162.86	548 352.32	4 396.04	2 412.84
广东	903 072.72	2 644 426.85	20 732.22	30 414.95
广西	80 600.59	316 093.61	－1 391.99	1 227.92
海南	75 882.93	261 399.71	－127.15	1 098.18
重庆	119 688.78	438 086.23	1 039.64	1 882.43
四川	136 673.26	413 353.17	4 223.72	1 617.96
贵州	31 049.77	98 909.22	－1 282.97	277.18
云南	200 377.38	671 772.08	2 613.88	4 447.32
西藏	34 561.55	23 842.04	28.12	173.17
陕西	66 879.66	259 685.16	－1 601.29	675.93
甘肃	46 165.79	72 030.98	151.96	352.15
青海	16 656.76	26 625.20	－218.54	121.12
宁夏	8 643.25	35 715.44	－148.07	283.89
新疆	39 290.39	61 351.46	－2 309.59	423.10

主要经济指标(按地区分)

利润率 (%)	全员劳动生产率 (万元/人)	人均实现利税 (万元/人)	人均实现利润 (万元/人)	人均固定资产原值 (万元/人)	从业人员 (人)	企业数 (家)
0.64	**58.47**	**0.78**	**0.37**	**18.96**	**308 978**	**20 399**
0.44	122.29	1.51	0.53	51.87	22 517	805
-1.16	43.06	-0.25	-0.50	19.07	4 093	267
-0.09	21.48	0.08	-0.02	8.04	9 193	1 060
-0.60	18.70	-0.05	-0.11	8.40	8 438	681
1.28	21.93	0.50	0.28	11.40	4 678	614
0.57	53.10	0.62	0.30	12.24	9 599	1 001
0.03	17.99	0.15	0.01	11.99	4 859	473
0.91	33.56	0.65	0.31	11.72	4 909	490
1.37	127.96	2.37	1.76	38.85	20 370	851
0.96	75.14	1.34	0.72	20.05	18 859	1 646
0.66	63.34	0.87	0.42	14.62	22 989	1 447
0.95	33.16	0.56	0.31	9.22	9 862	795
0.32	57.61	0.50	0.18	16.04	11 123	626
0.32	24.32	0.21	0.08	6.99	8 284	647
0.79	40.61	0.59	0.32	13.79	20 172	1 752
0.50	19.77	0.23	0.10	7.81	11 222	1 017
0.48	29.82	0.33	0.14	12.53	11 879	816
0.80	46.43	0.58	0.37	6.36	11 811	610
0.78	82.33	1.59	0.65	28.11	32 121	1 047
-0.44	39.24	-0.02	-0.17	10.01	8 055	385
-0.05	43.79	0.16	-0.02	12.71	5 969	208
0.24	71.56	0.48	0.17	19.55	6 122	346
1.02	39.52	0.56	0.40	13.07	10 459	631
-1.30	33.20	-0.34	-0.43	10.42	2 979	215
0.39	59.74	0.63	0.23	17.82	11 245	450
0.12	28.15	0.24	0.03	40.80	847	39
-0.62	35.64	-0.13	-0.22	9.18	7 287	531
0.21	20.60	0.14	0.04	13.21	3 496	335
-0.82	21.23	-0.08	-0.17	13.28	1 254	173
-0.41	35.57	0.14	-0.15	8.61	1 004	85
-3.76	18.69	-0.57	-0.70	11.97	3 283	356

1－4　全国星级饭店

	固定资产原值（万元）	营业收入（万元）	利润（万元）	税金（万元）
总计	**44 429 775.35**	**18 181 805.40**	**－115 156.06**	**1 221 553.62**
北京	6 436 779.00	2 083 800.49	－71 057.00	114 754.30
天津	380 346.94	248 142.02	－16 452.43	20 089.63
河北	1 286 261.15	487 558.79	－14 299.23	42 785.29
山西	625 825.22	355 521.81	－3 588.08	29 496.34
内蒙古	536 638.27	224 455.40	－9 075.34	9 580.50
辽宁	2 130 541.88	670 951.96	－25 817.03	57 893.25
吉林	611 076.31	248 988.44	－3 335.26	12 095.04
黑龙江	726 930.17	151 040.89	－3 352.80	7 229.43
上海	3 432 414.16	1 315 245.05	5 738.65	69 707.97
江苏	2 760 497.20	1 442 022.44	－41 915.54	78 920.12
浙江	3 362 429.98	1 894 870.34	32 009.72	101 904.77
安徽	786 030.72	384 190.13	11 290.47	22 787.54
福建	1 318 664.86	506 197.20	4 746.40	38 864.73
江西	680 985.21	263 479.66	－1 718.26	17 123.35
山东	2 977 558.76	1 629 444.36	6 238.78	84 309.94
河南	945 495.72	500 321.54	22 423.44	29 056.94
湖北	1 196 946.46	504 972.21	－6 690.32	25 543.98
湖南	1 037 835.80	494 118.22	1 772.66	23 243.67
广东	4 023 000.91	1 437 909.72	601.20	242 315.46
广西	949 831.08	387 513.45	－17 519.12	21 201.50
海南	1 531 489.50	383 017.86	41 833.34	19 028.17
重庆	728 438.63	349 967.37	－1 659.13	14 218.85
四川	1 519 395.11	583 027.05	12 935.54	43 827.35
贵州	336 921.33	195 116.56	－4 231.92	7 684.41
云南	1 101 587.66	452 362.21	－5 328.31	26 987.34
西藏	313 847.00	45 738.00	1 109.00	2 703.00
陕西	906 913.54	318 253.59	－11 234.70	16 040.86
甘肃	513 676.99	145 551.82	2 904.99	9 730.85
青海	127 616.48	73 115.89	483.65	4 863.75
宁夏	208 432.38	83 006.73	－6 996.55	5 014.58
新疆	935 366.93	321 904.20	－14 972.88	22 550.71

主要经济指标（按地区分）

利润率（%）	全员劳动生产率（万元/人）	人均实现利税（万元/人）	人均实现利润（万元/人）	人均固定资产原值（万元/人）	从业人员（人）	企业数（家）
-0.63	**10.87**	**0.66**	**-0.07**	**26.56**	**1 672 602**	**14 237**
-3.41	15.61	0.33	-0.53	48.22	133 500	750
-6.63	13.28	0.19	-0.88	20.35	18 688	111
-2.93	5.66	0.33	-0.17	14.94	86 099	474
-1.01	9.37	0.68	-0.09	16.50	37 935	352
-4.04	9.69	0.02	-0.39	23.17	23 157	262
-3.85	10.20	0.49	-0.39	32.38	65 798	530
-1.34	12.08	0.42	-0.16	29.64	20 618	226
-2.22	6.31	0.16	-0.14	30.37	23 936	295
0.44	17.81	1.02	0.08	46.49	73 831	298
-2.91	13.12	0.34	-0.38	25.12	109 895	916
1.69	13.09	0.93	0.22	23.23	144 755	1 088
2.94	9.14	0.81	0.27	18.70	42 036	451
0.94	9.70	0.84	0.09	25.26	52 203	422
-0.65	9.41	0.55	-0.06	24.31	28 008	380
0.38	13.09	0.73	0.05	23.92	124 500	907
4.48	14.41	1.48	0.65	27.24	34 714	522
-1.32	9.40	0.35	-0.12	22.29	53 704	605
0.36	8.70	0.44	0.03	18.27	56 796	561
0.04	8.08	1.36	0.00	22.60	178 019	1 047
-4.52	8.04	0.08	-0.36	19.72	48 176	437
10.92	13.06	2.08	1.43	52.22	29 328	238
-0.47	9.03	0.32	-0.04	18.80	38 756	273
2.22	10.16	0.99	0.23	26.48	57 383	534
-2.17	9.02	0.16	-0.20	15.57	21 642	320
-1.18	11.06	0.53	-0.13	26.94	40 888	826
2.42	4.59	0.38	0.11	31.49	9 968	149
-3.53	7.70	0.12	-0.27	21.93	41 358	338
2.00	5.87	0.51	0.12	20.72	24 789	312
0.66	15.49	1.13	0.10	27.03	4 721	123
-8.43	8.11	-0.19	-0.68	20.36	10 235	57
-4.65	8.66	0.20	-0.40	25.17	37 166	433

1－5 全国内资星级饭店

	固定资产原值（万元）	营业收入（万元）	利润（万元）	税金（万元）
总计	**36 690 489.64**	**15 813 476.76**	**－172 572.62**	**1 066 528.06**
北京	4 117 521.10	1 456 569.55	－80 153.50	81 080.50
天津	294 103.31	201 570.41	－11 533.60	16 509.06
河北	1 260 568.79	478 833.01	－13 752.36	42 142.49
山西	583 547.53	348 959.53	－2 465.44	28 937.63
内蒙古	533 614.27	212 621.58	－9 075.34	9 556.70
辽宁	1 496 759.09	533 681.43	－23 956.13	46 977.26
吉林	464 898.31	211 106.54	－8 613.26	10 449.44
黑龙江	654 243.29	131 496.96	－6 521.80	6 318.00
上海	2 832 955.12	1 032 461.71	－17 421.97	55 595.86
江苏	2 473 016.82	1 299 543.93	－42 809.12	71 397.05
浙江	3 176 522.67	1 840 666.47	37 915.05	98 764.09
安徽	757 839.08	369 409.67	10 318.31	21 994.43
福建	1 048 139.57	425 327.86	978.47	32 307.25
江西	624 431.12	239 645.49	－1 382.67	15 964.98
山东	2 709 410.34	1 454 222.59	5 079.83	76 215.02
河南	933 270.00	486 839.75	17 250.87	27 784.28
湖北	1 003 788.36	449 134.68	－14 645.09	21 116.49
湖南	952 416.90	465 700.68	－2 582.20	21 494.19
广东	2 737 380.32	1 158 179.75	－3 660.07	204 159.80
广西	642 930.60	314 069.87	－8 322.95	17 795.82
海南	1 302 653.22	314 700.85	35 499.08	15 731.58
重庆	523 104.63	287 601.87	－2 350.13	12 697.85
四川	1 442 023.11	558 203.75	6 977.54	42 094.85
贵州	307 560.81	182 490.85	－4 508.97	7 114.11
云南	922 458.31	397 080.92	－4 730.61	23 277.18
西藏	309 582.00	45 284.00	1 184.00	2 672.00
陕西	904 116.51	316 762.99	－11 336.70	15 980.86
甘肃	481 218.67	141 343.82	2 667.99	9 476.75
青海	127 616.48	70 411.62	483.65	4 585.75
宁夏	208 432.38	83 006.73	－6 996.55	5 014.58
新疆	864 366.93	306 547.90	－14 108.95	21 322.21

主要经济指标(按地区分)

利润率(%)	全员劳动生产率(万元/人)	人均实现利税(万元/人)	人均实现利润(万元/人)	人均固定资产原值(万元/人)	从业人员(人)	企业数(家)
-1.09	**10.41**	**0.59**	**-0.11**	**24.15**	**1 519 247**	**13 663**
-5.50	13.69	0.01	-0.75	38.69	106 434	694
-5.72	12.42	0.31	-0.71	18.12	16 233	98
-2.87	5.63	0.33	-0.16	14.83	85 010	468
-0.71	9.42	0.71	-0.07	15.75	37 045	348
-4.27	9.23	0.02	-0.39	23.17	23 030	260
-4.49	9.79	0.42	-0.44	27.45	54 530	487
-4.08	11.34	0.10	-0.46	24.98	18 611	218
-4.96	5.79	-0.01	-0.29	28.81	22 711	290
-1.69	16.68	0.62	-0.28	45.78	61 885	271
-3.29	12.79	0.28	-0.42	24.33	101 633	884
2.06	13.15	0.98	0.27	22.70	139 953	1 068
2.79	9.25	0.81	0.26	18.97	39 951	438
0.23	9.54	0.75	0.02	23.50	44 602	387
-0.58	9.26	0.56	-0.05	24.12	25 884	360
0.35	12.63	0.71	0.04	23.53	115 134	872
3.54	14.33	1.33	0.51	27.46	33 984	515
-3.26	9.08	0.13	-0.30	20.30	49 448	587
-0.55	8.58	0.35	-0.05	17.55	54 278	546
-0.32	7.79	1.35	-0.02	18.41	148 698	929
-2.65	7.71	0.23	-0.20	15.77	40 759	413
11.28	12.77	2.08	1.44	52.85	24 646	221
-0.82	8.19	0.29	-0.07	14.90	35 107	264
1.25	10.01	0.88	0.13	25.85	55 785	528
-2.47	8.84	0.13	-0.22	14.89	20 654	315
-1.19	10.72	0.50	-0.13	24.91	37 027	805
2.61	4.59	0.39	0.12	31.40	9 858	146
-3.58	7.69	0.11	-0.28	21.94	41 206	336
1.89	5.70	0.49	0.11	19.41	24 789	310
0.69	14.91	1.07	0.10	27.03	4 721	122
-8.43	8.11	-0.19	-0.68	20.36	10 235	57
-4.60	8.66	0.20	-0.40	24.41	35 406	426

1－6 全国外资星级饭店

	固定资产原　值（万元）	营业收入（万元）	利　润（万元）	税　金（万元）
总　　计	**7 739 285.71**	**2 368 328.64**	**57 416.56**	**155 025.56**
北　　京	2 319 257.90	627 230.94	9 096.50	33 673.80
天　　津	86 243.63	46 571.61	－4 918.83	3 580.57
河　　北	25 692.36	8 725.78	－546.87	642.80
山　　西	42 277.69	6 562.28	－1 122.64	558.71
内 蒙 古	3 024.00	11 833.82	0.00	23.80
辽　　宁	633 782.79	137 270.53	－1 860.90	10 915.99
吉　　林	146 178.00	37 881.90	5 278.00	1 645.60
黑 龙 江	72 686.88	19 543.93	3 169.00	911.43
上　　海	599 459.04	282 783.34	23 160.62	14 112.11
江　　苏	287 480.38	142 478.51	893.58	7 523.07
浙　　江	185 907.31	54 203.87	－5 905.33	3 140.68
安　　徽	28 191.64	14 780.46	972.16	793.11
福　　建	270 525.29	80 869.34	3 767.93	6 557.48
江　　西	56 554.09	23 834.17	－335.59	1 158.37
山　　东	268 148.42	175 221.77	1 158.95	8 094.92
河　　南	12 225.72	13 481.79	5 172.57	1 272.66
湖　　北	193 158.10	55 837.53	7 954.77	4 427.49
湖　　南	85 418.90	28 417.54	4 354.86	1 749.48
广　　东	1 285 620.59	279 729.97	4 261.27	38 155.66
广　　西	306 900.48	73 443.58	－9 196.17	3 405.68
海　　南	228 836.28	68 317.01	6 334.26	3 296.59
重　　庆	205 334.00	62 365.50	691.00	1 521.00
四　　川	77 372.00	24 823.30	5 958.00	1 732.50
贵　　州	29 360.52	12 625.71	277.05	570.30
云　　南	179 129.35	55 281.29	－597.70	3 710.16
西　　藏	4 265.00	454.00	－75.00	31.00
陕　　西	2 797.03	1 490.60	102.00	60.00
甘　　肃	32 458.32	4 208.00	237.00	254.10
青　　海	0.00	2 704.27	0.00	278.00
宁　　夏	0.00	0.00	0.00	0.00
新　　疆	71 000.00	15 356.30	－863.93	1 228.50

主要经济指标(按地区分)

利润率 (%)	全员劳动生产率 (万元/人)	人均实现利税 (万元/人)	人均实现利润 (万元/人)	人均固定资产原值 (万元/人)	从业人员 (人)	企业数 (家)
2.42	**15.44**	**1.39**	**0.37**	**50.47**	**153 355**	**574**
1.45	23.17	1.58	0.34	85.69	27 066	56
-10.56	18.97	-0.55	-2.00	35.13	2 455	13
-6.27	8.01	0.09	-0.50	23.59	1 089	6
-17.11	7.37	-0.63	-1.26	47.50	890	4
0.00	93.18	0.19	0.00	23.81	127	2
-1.36	12.18	0.80	-0.17	56.25	11 268	43
13.93	18.87	3.45	2.63	72.83	2 007	8
16.21	15.95	3.33	2.59	59.34	1 225	5
8.19	23.67	3.12	1.94	50.18	11 946	27
0.63	17.25	1.02	0.11	34.80	8 262	32
-10.89	11.29	-0.58	-1.23	38.71	4 802	20
6.58	7.09	0.85	0.47	13.52	2 085	13
4.66	10.64	1.36	0.50	35.59	7 601	35
-1.41	11.22	0.39	-0.16	26.63	2 124	20
0.66	18.71	0.99	0.12	28.63	9 366	35
38.37	18.47	8.83	7.09	16.75	730	7
14.25	13.12	2.91	1.87	45.38	4 256	18
15.32	11.29	2.42	1.73	33.92	2 518	15
1.52	9.54	1.45	0.15	43.85	29 321	118
-12.52	9.90	-0.78	-1.24	41.38	7 417	24
9.27	14.59	2.06	1.35	48.88	4 682	17
1.11	17.09	0.61	0.19	56.27	3 649	9
24.00	15.53	4.81	3.73	48.42	1 598	6
2.19	12.78	0.86	0.28	29.72	988	5
-1.08	14.32	0.81	-0.15	46.39	3 861	21
-16.52	4.13	-0.40	-0.68	38.77	110	3
6.84	9.81	1.07	0.67	18.40	152	2
5.63	0.00	0.00	0.00	0.00	0	2
0.00	0.00	0.00	0.00	0.00	0	1
0.00	0.00	0.00	0.00	0.00	0	0
-5.63	8.73	0.21	-0.49	40.34	1 760	7

1-7 全国其他旅游企业

	固定资产原值（万元）	营业收入（万元）	利润（万元）	税金（万元）
总计	**32 465 229.47**	**9 033 887.18**	**1 057 932.69**	**357 982.10**
北京	1 232 496.34	439 591.87	12 166.40	10 895.80
天津	181 194.54	22 747.19	-2 796.54	635.73
河北	1 660 316.15	355 579.89	37 422.87	17 640.37
山西	827 459.34	305 763.91	8 175.06	3 457.22
内蒙古	301 073.92	105 513.07	5 874.24	2 642.70
辽宁	1 914 084.20	754 204.35	41 989.57	33 112.85
吉林	239 849.63	101 513.78	19 442.64	2 247.68
黑龙江	538 959.49	94 992.43	17 496.39	7 338.58
上海	2 808 210.00	667 784.76	186 454.56	27 087.74
江苏	1 342 615.00	492 575.14	32 396.88	14 962.17
浙江	1 116 345.98	239 488.72	47 935.59	14 706.74
安徽	0.00	0.00	0.00	0.00
福建	73 633.58	32 643.45	5 079.08	1 168.97
江西	1 776 740.63	778 747.58	29 524.45	22 560.47
山东	0.00	0.00	0.00	0.00
河南	765 491.43	386 491.29	40 809.35	8 184.52
湖北	923 161.03	383 315.52	138 839.00	12 472.32
湖南	1 463 446.50	245 175.28	46 040.24	8 117.92
广东	3 999 965.66	802 421.52	113 178.76	39 814.51
广西	461 955.19	204 293.22	24 777.35	8 283.74
海南	360 314.18	115 968.57	42 301.65	4 349.07
重庆	408 741.75	73 875.70	4 536.52	1 767.10
四川	1 134 832.49	993 602.71	44 651.72	28 851.97
贵州	4 739 509.80	544 652.63	52 993.95	48 148.83
云南	1 546 156.00	78 137.19	6 430.38	4 198.40
西藏	3 596.73	3 694.30	686.00	144.00
陕西	486 707.48	188 512.89	3 456.93	4 536.84
甘肃	455 426.27	89 004.66	177.41	1 104.05
青海	59 000.24	1 670.31	245.17	124.42
宁夏	77 573.72	40 716.12	7 524.43	1 692.86
新疆	1 566 372.20	491 209.13	90 122.64	27 734.53

主要经济指标(按地区分)

利润率(%)	全员劳动生产率(万元/人)	人均实现利税(万元/人)	人均实现利润(万元/人)	人均固定资产原值(万元/人)	从业人员(人)	企业数(家)
11.71	**11.77**	**1.84**	**1.38**	**42.30**	**767 571**	**15 082**
2.77	15.76	0.83	0.44	44.17	27 901	187
-12.29	7.72	-0.73	-0.95	61.53	2 945	236
10.52	8.19	1.27	0.86	38.24	43 423	584
2.67	4.90	0.19	0.13	13.27	62 346	408
5.57	13.60	1.10	0.76	38.81	7 757	445
5.57	6.17	0.61	0.34	15.67	122 176	1 034
19.15	20.29	4.33	3.89	47.93	5 004	224
18.42	23.15	6.05	4.26	131.33	4 104	446
27.92	19.44	6.22	5.43	81.76	34 345	360
6.58	15.32	1.47	1.01	41.76	32 149	1 765
20.02	5.37	1.40	1.07	25.01	44 636	621
0.00	0.00	0.00	0.00	0.00	0	109
15.56	17.46	3.34	2.72	39.38	1 870	374
3.79	22.52	1.51	0.85	51.39	34 573	214
0.00	0.00	0.00	0.00	0.00	0	0
10.56	33.15	4.20	3.50	65.66	11 659	962
36.22	16.46	6.50	5.96	39.63	23 292	803
18.78	5.91	1.30	1.11	35.26	41 510	518
14.10	6.86	1.31	0.97	34.19	116 996	557
12.13	9.64	1.56	1.17	21.79	21 198	352
36.48	11.19	4.50	4.08	34.78	10 359	159
6.14	8.31	0.71	0.51	45.98	8 889	248
4.49	33.90	2.51	1.52	38.72	29 312	1 574
9.73	89.74	16.67	8.73	780.94	6 069	554
8.23	2.57	0.35	0.21	50.92	30 365	584
18.57	21.60	4.85	4.01	21.03	171	119
1.83	41.43	1.76	0.76	106.97	4 550	450
0.20	3.50	0.05	0.01	17.93	25 394	378
14.68	1.84	0.41	0.27	65.12	906	96
18.48	15.79	3.58	2.92	30.09	2 578	97
18.35	44.28	10.62	8.12	141.19	11 094	624

二、分地区旅游企业资料

2－1 北京市旅游

	固定资产原值（万元）	营业收入（万元）	利润（万元）	税金（万元）
合计	**8 837 212.87**	**5 276 998.25**	**－46 906.77**	**147 613.96**
（一）旅行社	1 167 937.53	2 753 605.89	11 983.83	21 963.86
（二）星级饭店	6 436 779.00	2 083 800.49	－71 057.00	114 754.30
内资饭店	4 117 521.10	1 456 569.55	－80 153.50	81 080.50
外资饭店	2 319 257.90	627 230.94	9 096.50	33 673.80
（三）旅游景区	1 232 496.34	439 591.87	12 166.40	10 895.80
（四）其他旅游企业	0.00	0.00	0.00	0.00

2－2 天津市旅游

	固定资产原值（万元）	营业收入（万元）	利润（万元）	税金（万元）
合计	**639 611.24**	**447 145.54**	**－21 301.45**	**21 734.24**
（一）旅行社	78 069.76	176 256.33	－2 052.48	1 008.88
（二）星级饭店	380 346.94	248 142.02	－16 452.43	20 089.63
内资饭店	294 103.31	201 570.41	－11 533.60	16 509.06
外资饭店	86 243.63	46 571.61	－4 918.83	3 580.57
（三）旅游景区	176 982.74	22 747.19	－2 796.54	635.73
（四）其他旅游企业	4 211.80	0.00	0.00	0.00

企业主要经济指标

利润率（%）	全员劳动生产率（万元/人）	人均实现利税（万元/人）	人均实现利润（万元/人）	人均固定资产原值（万元/人）	从业人员（人）	企业数（家）
-0.89	**28.69**	**0.55**	**-0.26**	**48.05**	**183 918**	**1 742**
0.44	122.29	1.51	0.53	51.87	22 517	805
-3.41	15.61	0.33	-0.53	48.22	133 500	750
-5.50	13.69	0.01	-0.75	38.69	106 434	694
1.45	23.17	1.58	0.34	85.69	27 066	56
2.77	15.76	0.83	0.44	44.17	27 901	187
0.00	0.00	0.00	0.00	0.00	0	0

企业主要经济指标

利润率（%）	全员劳动生产率（万元/人）	人均实现利税（万元/人）	人均实现利润（万元/人）	人均固定资产原值（万元/人）	从业人员（人）	企业数（家）
-4.76	**17.38**	**0.02**	**-0.83**	**24.86**	**25 726**	**614**
-1.16	43.06	-0.25	-0.50	19.07	4 093	267
-6.63	13.28	0.19	-0.88	20.35	18 688	111
-5.72	12.42	0.31	-0.71	18.12	16 233	98
-10.56	18.97	-0.55	-2.00	35.13	2 455	13
-12.29	8.28	-0.79	-1.02	64.45	2 746	118
0.00	0.00	0.00	0.00	21.16	199	118

2-3 河北省旅游

	固定资产原值（万元）	营业收入（万元）	利润（万元）	税金（万元）
合计	**3 020 448.19**	**1 040 584.90**	**22 951.92**	**61 373.72**
（一）旅行社	73 870.89	197 446.22	-171.72	948.06
（二）星级饭店	1 286 261.15	487 558.79	-14 299.23	42 785.29
内资饭店	1 260 568.79	478 833.01	-13 752.36	42 142.49
外资饭店	25 692.36	8 725.78	-546.87	642.80
（三）旅游景区	1 660 316.15	355 579.89	37 422.87	17 640.37
（四）其他旅游企业	0.00	0.00	0.00	0.00

2-4 山西省旅游

	固定资产原值（万元）	营业收入（万元）	利润（万元）	税金（万元）
合计	**1 524 168.47**	**819 081.57**	**3 641.20**	**33 490.48**
（一）旅行社	70 883.91	157 795.85	-945.78	536.92
（二）星级饭店	625 825.22	355 521.81	-3 588.08	29 496.34
内资饭店	583 547.53	348 959.53	-2 465.44	28 937.63
外资饭店	42 277.69	6 562.28	-1 122.64	558.71
（三）旅游景区	405 369.49	119 846.91	784.06	1 150.22
（四）其他旅游企业	422 089.85	185 917.00	7 391.00	2 307.00

企业主要经济指标

利润率（%）	全员劳动生产率（万元/人）	人均实现利税（万元/人）	人均实现利润（万元/人）	人均固定资产原值（万元/人）	从业人员（人）	企业数（家）
2.21	**7.50**	**0.61**	**0.17**	**21.77**	**138 715**	**2 118**
-0.09	21.48	0.08	-0.02	8.04	9 193	1 060
-2.93	5.66	0.33	-0.17	14.94	86 099	474
-2.87	5.63	0.33	-0.16	14.83	85 010	468
-6.27	8.01	0.09	-0.50	23.59	1 089	6
10.52	8.19	1.27	0.86	38.24	43 423	292
0.00	0.00	0.00	0.00	0.00	0	292

企业主要经济指标

利润率（%）	全员劳动生产率（万元/人）	人均实现利税（万元/人）	人均实现利润（万元/人）	人均固定资产原值（万元/人）	从业人员（人）	企业数（家）
0.44	**7.53**	**0.34**	**0.03**	**14.02**	**108 719**	**1 441**
-0.60	18.70	-0.05	-0.11	8.40	8 438	681
-1.01	9.37	0.68	-0.09	16.50	37 935	352
-0.71	9.42	0.71	-0.07	15.75	37 045	348
-17.11	7.37	-0.63	-1.26	47.50	890	4
0.65	2.14	0.03	0.01	7.24	55 953	204
3.98	29.08	1.52	1.16	66.02	6 393	204

2－5　内蒙古自治区旅游

	固定资产原值（万元）	营业收入（万元）	利润（万元）	税金（万元）
合计	**891 060.75**	**432 550.38**	**－1 889.00**	**13 244.58**
（一）旅行社	53 348.56	102 581.91	1 312.10	1 021.38
（二）星级饭店	536 638.27	224 455.40	－9 075.34	9 580.50
内资饭店	533 614.27	212 621.58	－9 075.34	9 556.70
外资饭店	3 024.00	11 833.82	0.00	23.80
（三）旅游景区	301 073.92	105 513.07	5 874.24	2 642.70
（四）其他旅游企业	0.00	0.00	0.00	0.00

2－6　辽宁省旅游

	固定资产原值（万元）	营业收入（万元）	利润（万元）	税金（万元）
合计	**4 162 081.15**	**1 934 821.35**	**19 093.78**	**93 991.21**
（一）旅行社	117 455.07	509 665.04	2 921.24	2 985.11
（二）星级饭店	2 130 541.88	670 951.96	－25 817.03	57 893.25
内资饭店	1 496 759.09	533 681.43	－23 956.13	46 977.26
外资饭店	633 782.79	137 270.53	－1 860.90	10 915.99
（三）旅游景区	1 553 676.59	436 320.35	22 689.57	21 815.65
（四）其他旅游企业	360 407.61	317 884.00	19 300.00	11 297.20

企业主要经济指标

利润率（%）	全员劳动生产率（万元/人）	人均实现利税（万元/人）	人均实现利润（万元/人）	人均固定资产原值（万元/人）	从业人员（人）	企业数（家）
-0.44	**12.15**	**0.32**	**-0.05**	**25.04**	**35 592**	**1 321**
1.28	21.93	0.50	0.28	11.40	4 678	614
-4.04	9.69	0.02	-0.39	23.17	23 157	262
-4.27	9.23	0.02	-0.39	23.17	23 030	260
0.00	93.18	0.19	0.00	23.81	127	2
5.57	13.60	1.10	0.76	38.81	7 757	222
0.00	0.00	0.00	0.00	0.00	0	223

企业主要经济指标

利润率（%）	全员劳动生产率（万元/人）	人均实现利税（万元/人）	人均实现利润（万元/人）	人均固定资产原值（万元/人）	从业人员（人）	企业数（家）
0.99	**9.79**	**0.57**	**0.10**	**21.07**	**197 573**	**2 565**
0.57	53.10	0.62	0.30	12.24	9 599	1 001
-3.85	10.20	0.49	-0.39	32.38	65 798	530
-4.49	9.79	0.42	-0.44	27.45	54 530	487
-1.36	12.18	0.80	-0.17	56.25	11 268	43
5.20	4.16	0.42	0.22	14.80	104 953	517
6.07	18.46	1.78	1.12	20.93	17 223	517

2-7 吉林省旅游

	固定资产原值（万元）	营业收入（万元）	利润（万元）	税金（万元）
合计	**909 185.35**	**437 898.18**	**16 133.18**	**15 041.57**
（一）旅行社	58 259.41	87 395.96	25.80	698.85
（二）星级饭店	611 076.31	248 988.44	-3 335.26	12 095.04
内资饭店	464 898.31	211 106.54	-8 613.26	10 449.44
外资饭店	146 178.00	37 881.90	5 278.00	1 645.60
（三）旅游景区	239 849.63	101 513.78	19 442.64	2 247.68
（四）其他旅游企业	0.00	0.00	0.00	0.00

2-8 黑龙江省旅游

	固定资产原值（万元）	营业收入（万元）	利润（万元）	税金（万元）
合计	**1 327 689.20**	**411 229.23**	**15 920.40**	**16 244.82**
（一）旅行社	57 521.54	164 721.91	1 504.81	1 673.81
（二）星级饭店	726 930.17	151 040.89	-3 352.80	7 229.43
内资饭店	654 243.29	131 496.96	-6 521.80	6 318.00
外资饭店	72 686.88	19 543.93	3 169.00	911.43
（三）旅游景区	529 409.91	94 147.19	17 386.39	7 275.58
（四）其他旅游企业	13 827.58	1 319.24	382.00	66.00

企业主要经济指标

利润率（%）	全员劳动生产率（万元/人）	人均实现利税（万元/人）	人均实现利润（万元/人）	人均固定资产原值（万元/人）	从业人员（人）	企业数（家）
3.68	**14.37**	**1.02**	**0.53**	**29.83**	**30 481**	**923**
0.03	17.99	0.15	0.01	11.99	4 859	473
-1.34	12.08	0.42	-0.16	29.64	20 618	226
-4.08	11.34	0.10	-0.46	24.98	18 611	218
13.93	18.87	3.45	2.63	72.83	2 007	8
19.15	20.29	4.33	3.89	47.93	5 004	83
0.00	0.00	0.00	0.00	0.00	0	141

企业主要经济指标

利润率（%）	全员劳动生产率（万元/人）	人均实现利税（万元/人）	人均实现利润（万元/人）	人均固定资产原值（万元/人）	从业人员（人）	企业数（家）
3.87	**12.43**	**0.97**	**0.48**	**40.12**	**33 096**	**1 233**
0.91	33.56	0.65	0.31	11.72	4 909	490
-2.22	6.31	0.16	-0.14	30.37	23 936	295
-4.96	5.79	-0.01	-0.29	28.81	22 711	290
16.21	15.95	3.33	2.59	59.34	1 225	5
18.47	27.86	7.30	5.15	156.68	3 379	224
28.96	1.51	0.51	0.44	15.86	872	224

2－9 上海市旅游

	固定资产原　值（万元）	营业收入（万元）	利　润（万元）	税　金（万元）
合　　计	**7 031 940.91**	**4 589 511.24**	**228 017.76**	**109 299.43**
（一）旅行社	791 316.75	2 606 481.43	35 824.55	12 503.72
（二）星级饭店	3 432 414.16	1 315 245.05	5 738.65	69 707.97
内资饭店	2 832 955.12	1 032 461.71	－17 421.97	55 595.86
外资饭店	599 459.04	282 783.34	23 160.62	14 112.11
（三）旅游景区	2 424 296.39	216 037.47	107 984.85	14 273.69
（四）其他旅游企业	383 913.61	451 747.29	78 469.71	12 814.05

2－10 江苏省旅游

	固定资产原　值（万元）	营业收入（万元）	利　润（万元）	税　金（万元）
合　　计	**4 481 305.06**	**3 351 621.20**	**4 115.38**	**105 591.27**
（一）旅行社	378 192.86	1 417 023.62	13 634.04	11 708.98
（二）星级饭店	2 760 497.20	1 442 022.44	－41 915.54	78 920.12
内资饭店	2 473 016.82	1 299 543.93	－42 809.12	71 397.05
外资饭店	287 480.38	142 478.51	893.58	7 523.07
（三）旅游景区	1 342 615.00	492 575.14	32 396.88	14 962.17
（四）其他旅游企业	0.00	0.00	0.00	0.00

企业主要经济指标

利润率（%）	全员劳动生产率（万元/人）	人均实现利税（万元/人）	人均实现利润（万元/人）	人均固定资产原值（万元/人）	从业人员（人）	企业数（家）
4.97	**35.70**	**2.62**	**1.77**	**54.70**	**128 546**	**1 509**
1.37	127.96	2.37	1.76	38.85	20 370	851
0.44	17.81	1.02	0.08	46.49	73 831	298
-1.69	16.68	0.62	-0.28	45.78	61 885	271
8.19	23.67	3.12	1.94	50.18	11 946	27
49.98	15.98	9.04	7.99	179.27	13 523	180
17.37	21.70	4.38	3.77	18.44	20 822	180

企业主要经济指标

利润率（%）	全员劳动生产率（万元/人）	人均实现利税（万元/人）	人均实现利润（万元/人）	人均固定资产原值（万元/人）	从业人员（人）	企业数（家）
0.12	**20.83**	**0.68**	**0.03**	**27.85**	**160 903**	**4 327**
0.96	75.14	1.34	0.72	20.05	18 859	1 646
-2.91	13.12	0.34	-0.38	25.12	109 895	916
-3.29	12.79	0.28	-0.42	24.33	101 633	884
0.63	17.25	1.02	0.11	34.80	8 262	32
6.58	15.32	1.47	1.01	41.76	32 149	908
0.00	0.00	0.00	0.00	0.00	0	857

2-11 浙江省旅游

	固定资产原值（万元）	营业收入（万元）	利润（万元）	税金（万元）
合计	**4 814 815.25**	**3 590 458.09**	**89 619.08**	**126 824.15**
(一)旅行社	336 039.29	1 456 099.03	9 673.77	10 212.64
(二)星级饭店	3 362 429.98	1 894 870.34	32 009.72	101 904.77
内资饭店	3 176 522.67	1 840 666.47	37 915.05	98 764.09
外资饭店	185 907.31	54 203.87	-5 905.33	3 140.68
(三)旅游景区	1 116 345.98	239 488.72	47 935.59	14 706.74
(四)其他旅游企业	0.00	0.00	0.00	0.00

2-12 安徽省旅游

	固定资产原值（万元）	营业收入（万元）	利润（万元）	税金（万元）
合计	**876 917.75**	**711 177.00**	**14 389.56**	**25 241.41**
(一)旅行社	90 887.03	326 986.87	3 099.09	2 453.87
(二)星级饭店	786 030.72	384 190.13	11 290.47	22 787.54
内资饭店	757 839.08	369 409.67	10 318.31	21 994.43
外资饭店	28 191.64	14 780.46	972.16	793.11
(三)旅游景区	0.00	0.00	0.00	0.00
(四)其他旅游企业	0.00	0.00	0.00	0.00

企业主要经济指标

利润率（%）	全员劳动生产率（万元/人）	人均实现利税（万元/人）	人均实现利润（万元/人）	人均固定资产原值（万元/人）	从业人员（人）	企业数（家）
2.50	**16.91**	**1.02**	**0.42**	**22.67**	**212 380**	**3 156**
0.66	63.34	0.87	0.42	14.62	22 989	1 447
1.69	13.09	0.93	0.22	23.23	144 755	1 088
2.06	13.15	0.98	0.27	22.70	139 953	1 068
-10.89	11.29	-0.58	-1.23	38.71	4 802	20
20.02	5.37	1.40	1.07	25.01	44 636	164
0.00	0.00	0.00	0.00	0.00	0	457

企业主要经济指标

利润率（%）	全员劳动生产率（万元/人）	人均实现利税（万元/人）	人均实现利润（万元/人）	人均固定资产原值（万元/人）	从业人员（人）	企业数（家）
2.02	**13.70**	**0.76**	**0.28**	**16.90**	**51 898**	**1 355**
0.95	33.16	0.56	0.31	9.22	9 862	795
2.94	9.14	0.81	0.27	18.70	42 036	451
2.79	9.25	0.81	0.26	18.97	39 951	438
6.58	7.09	0.85	0.47	13.52	2 085	13
0.00	0.00	0.00	0.00	0.00	0	109
0.00	0.00	0.00	0.00	0.00	0	0

2－13　福建省旅游

	固定资产原值（万元）	营业收入（万元）	利润（万元）	税金（万元）
合计	**1 570 678.19**	**1 179 660.47**	**11 853.01**	**43 581.22**
（一）旅行社	178 379.75	640 819.82	2 027.53	3 547.52
（二）星级饭店	1 318 664.86	506 197.20	4 746.40	38 864.73
内资饭店	1 048 139.57	425 327.86	978.47	32 307.25
外资饭店	270 525.29	80 869.34	3 767.93	6 557.48
（三）旅游景区	73 633.58	32 643.45	5 079.08	1 168.97
（四）其他旅游企业	0.00	0.00	0.00	0.00

2－14　江西省旅游

	固定资产原值（万元）	营业收入（万元）	利润（万元）	税金（万元）
合计	**2 515 621.70**	**1 243 723.93**	**28 450.92**	**40 772.22**
（一）旅行社	57 895.86	201 496.69	644.73	1 088.40
（二）星级饭店	680 985.21	263 479.66	－1 718.26	17 123.35
内资饭店	624 431.12	239 645.49	－1 382.67	15 964.98
外资饭店	56 554.09	23 834.17	－335.59	1 158.37
（三）旅游景区	1 776 740.63	778 747.58	29 524.45	22 560.47
（四）其他旅游企业	0.00	0.00	0.00	0.00

企业主要经济指标

利润率（%）	全员劳动生产率（万元/人）	人均实现利税（万元/人）	人均实现利润（万元/人）	人均固定资产原值（万元/人）	从业人员（人）	企业数（家）
1.00	**18.09**	**0.85**	**0.18**	**24.09**	**65 196**	**1 422**
0.32	57.61	0.50	0.18	16.04	11 123	626
0.94	9.70	0.84	0.09	25.26	52 203	422
0.23	9.54	0.75	0.02	23.50	44 602	387
4.66	10.64	1.36	0.50	35.59	7 601	35
15.56	17.46	3.34	2.72	39.38	1 870	187
0.00	0.00	0.00	0.00	0.00	0	187

企业主要经济指标

利润率（%）	全员劳动生产率（万元/人）	人均实现利税（万元/人）	人均实现利润（万元/人）	人均固定资产原值（万元/人）	从业人员（人）	企业数（家）
2.29	**17.55**	**0.98**	**0.40**	**35.50**	**70 865**	**1 241**
0.32	24.32	0.21	0.08	6.99	8 284	647
-0.65	9.41	0.55	-0.06	24.31	28 008	380
-0.58	9.26	0.56	-0.05	24.12	25 884	360
-1.41	11.22	0.39	-0.16	26.63	2 124	20
3.79	22.52	1.51	0.85	51.39	34 573	107
0.00	0.00	0.00	0.00	0.00	0	107

2－15 山东省旅游

	固定资产原值（万元）	营业收入（万元）	利润（万元）	税金（万元）
合计	**3 255 825.72**	**2 448 648.40**	**12 685.71**	**89 813.89**
（一）旅行社	278 266.96	819 204.04	6 446.93	5 503.95
（二）星级饭店	2 977 558.76	1 629 444.36	6 238.78	84 309.94
内资饭店	2 709 410.34	1 454 222.59	5 079.83	76 215.02
外资饭店	268 148.42	175 221.77	1 158.95	8 094.92
（三）旅游景区	0.00	0.00	0.00	0.00
（四）其他旅游企业	0.00	0.00	0.00	0.00

2－16 河南省旅游

	固定资产原值（万元）	营业收入（万元）	利润（万元）	税金（万元）
合计	**1 798 666.14**	**1 108 621.47**	**64 334.72**	**38 666.32**
（一）旅行社	87 678.99	221 808.64	1 101.93	1 424.86
（二）星级饭店	945 495.72	500 321.54	22 423.44	29 056.94
内资饭店	933 270.00	486 839.75	17 250.87	27 784.28
外资饭店	12 225.72	13 481.79	5 172.57	1 272.66
（三）旅游景区	760 149.43	383 295.14	40 740.25	8 111.66
（四）其他旅游企业	5 342.00	3 196.15	69.10	72.86

企业主要经济指标

利润率 (%)	全员劳动生产率 (万元/人)	人均实现利税 (万元/人)	人均实现利润 (万元/人)	人均固定资产原值 (万元/人)	从业人员 (人)	企业数 (家)
0.52	**16.93**	**0.71**	**0.09**	**22.50**	**144 672**	**2 659**
0.79	40.61	0.59	0.32	13.79	20 172	1 752
0.38	13.09	0.73	0.05	23.92	124 500	907
0.35	12.63	0.71	0.04	23.53	115 134	872
0.66	18.71	0.99	0.12	28.63	9 366	35
0.00	0.00	0.00	0.00	0.00	0	0
0.00	0.00	0.00	0.00	0.00	0	0

企业主要经济指标

利润率 (%)	全员劳动生产率 (万元/人)	人均实现利税 (万元/人)	人均实现利润 (万元/人)	人均固定资产原值 (万元/人)	从业人员 (人)	企业数 (家)
5.80	**19.25**	**1.79**	**1.12**	**31.23**	**57 595**	**2 501**
0.50	19.77	0.23	0.10	7.81	11 222	1 017
4.48	14.41	1.48	0.65	27.24	34 714	522
3.54	14.33	1.33	0.51	27.46	33 984	515
38.37	18.47	8.83	7.09	16.75	730	7
10.63	34.76	4.43	3.69	68.94	11 026	481
2.16	5.05	0.22	0.11	8.44	633	481

2－17　湖北省旅游

	固定资产原值（万元）	营业收入（万元）	利润（万元）	税金（万元）
合计	**2 268 987.33**	**1 242 555.88**	**133 857.52**	**40 188.78**
(一)旅行社	148 879.84	354 268.15	1 708.84	2 172.48
(二)星级饭店	1 196 946.46	504 972.21	－6 690.32	25 543.98
内资饭店	1 003 788.36	449 134.68	－14 645.09	21 116.49
外资饭店	193 158.10	55 837.53	7 954.77	4 427.49
(三)旅游景区	917 138.47	383 200.68	138 890.36	12 468.22
(四)其他旅游企业	6 022.56	114.84	－51.36	4.10

2－18　湖南省旅游

	固定资产原值（万元）	营业收入（万元）	利润（万元）	税金（万元）
合计	**2 576 445.16**	**1 287 645.82**	**52 208.94**	**33 774.43**
(一)旅行社	75 162.86	548 352.32	4 396.04	2 412.84
(二)星级饭店	1 037 835.80	494 118.22	1 772.66	23 243.67
内资饭店	952 416.90	465 700.68	－2 582.20	21 494.19
外资饭店	85 418.90	28 417.54	4 354.86	1 749.48
(三)旅游景区	1 463 446.50	245 175.28	46 040.24	8 117.92
(四)其他旅游企业	0.00	0.00	0.00	0.00

企业主要经济指标

利润率（%）	全员劳动生产率（万元/人）	人均实现利税（万元/人）	人均实现利润（万元/人）	人均固定资产原值（万元/人）	从业人员（人）	企业数（家）
10.77	**13.98**	**1.96**	**1.51**	**25.53**	**88 875**	**2 224**
0.48	29.82	0.33	0.14	12.53	11 879	816
-1.32	9.40	0.35	-0.12	22.29	53 704	605
-3.26	9.08	0.13	-0.30	20.30	49 448	587
14.25	13.12	2.91	1.87	45.38	4 256	18
36.24	16.82	6.64	6.10	40.26	22 779	401
-44.72	0.22	-0.09	-0.10	11.74	513	402

企业主要经济指标

利润率（%）	全员劳动生产率（万元/人）	人均实现利税（万元/人）	人均实现利润（万元/人）	人均固定资产原值（万元/人）	从业人员（人）	企业数（家）
4.05	**11.69**	**0.78**	**0.47**	**23.40**	**110 117**	**1 689**
0.80	46.43	0.58	0.37	6.36	11 811	610
0.36	8.70	0.44	0.03	18.27	56 796	561
-0.55	8.58	0.35	-0.05	17.55	54 278	546
15.32	11.29	2.42	1.73	33.92	2 518	15
18.78	5.91	1.30	1.11	35.26	41 510	304
0.00	0.00	0.00	0.00	0.00	0	214

2－19　广东省旅游

	固定资产原值（万元）	营业收入（万元）	利润（万元）	税金（万元）
合　计	**8 926 039.29**	**4 884 758.09**	**134 512.18**	**312 544.92**
（一）旅行社	903 072.72	2 644 426.85	20 732.22	30 414.95
（二）星级饭店	4 023 000.91	1 437 909.72	601.20	242 315.46
内资饭店	2 737 380.32	1 158 179.75	－3 660.07	204 159.80
外资饭店	1 285 620.59	279 729.97	4 261.27	38 155.66
（三）旅游景区	3 791 390.10	701 077.15	88 321.66	36 229.91
（四）其他旅游企业	208 575.56	101 344.37	24 857.10	3 584.60

2－20　广西壮族自治区旅游

	固定资产原值（万元）	营业收入（万元）	利润（万元）	税金（万元）
合　计	**1 492 386.86**	**907 900.28**	**5 866.24**	**30 713.16**
（一）旅行社	80 600.59	316 093.61	－1 391.99	1 227.92
（二）星级饭店	949 831.08	387 513.45	－17 519.12	21 201.50
内资饭店	642 930.60	314 069.87	－8 322.95	17 795.82
外资饭店	306 900.48	73 443.58	－9 196.17	3 405.68
（三）旅游景区	390 665.26	182 220.51	23 719.27	7 127.15
（四）其他旅游企业	71 289.93	22 072.71	1 058.08	1 156.59

企业主要经济指标

利润率（%）	全员劳动生产率（万元/人）	人均实现利税（万元/人）	人均实现利润（万元/人）	人均固定资产原值（万元/人）	从业人员（人）	企业数（家）
2.75	**14.93**	**1.37**	**0.41**	**27.29**	**327 136**	**2 651**
0.78	82.33	1.59	0.65	28.11	32 121	1 047
0.04	8.08	1.36	0.00	22.60	178 019	1 047
-0.32	7.79	1.35	-0.02	18.41	148 698	929
1.52	9.54	1.45	0.15	43.85	29 321	118
12.60	6.55	1.16	0.82	35.41	107 064	481
24.53	10.20	2.86	2.50	21.00	9 932	76

企业主要经济指标

利润率（%）	全员劳动生产率（万元/人）	人均实现利税（万元/人）	人均实现利润（万元/人）	人均固定资产原值（万元/人）	从业人员（人）	企业数（家）
0.65	**11.73**	**0.47**	**0.08**	**19.27**	**77 429**	**1 174**
-0.44	39.24	-0.02	-0.17	10.01	8 055	385
-4.52	8.04	0.08	-0.36	19.72	48 176	437
-2.65	7.71	0.23	-0.20	15.77	40 759	413
-12.52	9.90	-0.78	-1.24	41.38	7 417	24
13.02	9.82	1.66	1.28	21.06	18 548	241
4.79	8.33	0.84	0.40	26.90	2 650	111

2－21　海南省旅游

	固定资产原值（万元）	营业收入（万元）	利　润（万元）	税　金（万元）
合　　计	**1 967 686.61**	**760 386.14**	**84 007.84**	**24 475.42**
（一）旅行社	75 882.93	261 399.71	－127.15	1 098.18
（二）星级饭店	1 531 489.50	383 017.86	41 833.34	19 028.17
内资饭店	1 302 653.22	314 700.85	35 499.08	15 731.58
外资饭店	228 836.28	68 317.01	6 334.26	3 296.59
（三）旅游景区	358 088.37	115 968.57	42 301.65	4 349.07
（四）其他旅游企业	2 225.81	0.00	0.00	0.00

2－22　重庆市旅游

	固定资产原值（万元）	营业收入（万元）	利　润（万元）	税　金（万元）
合　　计	**1 256 869.16**	**861 929.30**	**3 917.03**	**17 868.38**
（一）旅行社	119 688.78	438 086.23	1 039.64	1 882.43
（二）星级饭店	728 438.63	349 967.37	－1 659.13	14 218.85
内资饭店	523 104.63	287 601.87	－2 350.13	12 697.85
外资饭店	205 334.00	62 365.50	691.00	1 521.00
（三）旅游景区	408 741.75	73 875.70	4 536.52	1 767.10
（四）其他旅游企业	0.00	0.00	0.00	0.00

企业主要经济指标

利润率 (%)	全员劳动生产率 (万元/人)	人均实现利税 (万元/人)	人均实现利润 (万元/人)	人均固定资产原值 (万元/人)	从业人员 (人)	企业数 (家)
11.05	**16.65**	**2.38**	**1.84**	**43.10**	**45 656**	**605**
-0.05	43.79	0.16	-0.02	12.71	5 969	208
10.92	13.06	2.08	1.43	52.22	29 328	238
11.28	12.77	2.08	1.44	52.85	24 646	221
9.27	14.59	2.06	1.35	48.88	4 682	17
36.48	11.46	4.61	4.18	35.37	10 123	74
0.00	0.00	0.00	0.00	9.43	236	85

企业主要经济指标

利润率 (%)	全员劳动生产率 (万元/人)	人均实现利税 (万元/人)	人均实现利润 (万元/人)	人均固定资产原值 (万元/人)	从业人员 (人)	企业数 (家)
0.45	**16.03**	**0.41**	**0.07**	**23.38**	**53 767**	**867**
0.24	71.56	0.48	0.17	19.55	6 122	346
-0.47	9.03	0.32	-0.04	18.80	38 756	273
-0.82	8.19	0.29	-0.07	14.90	35 107	264
1.11	17.09	0.61	0.19	56.27	3 649	9
6.14	8.31	0.71	0.51	45.98	8 889	124
0.00	0.00	0.00	0.00	0.00	0	124

2－23　四川省旅游

	固定资产原　值（万元）	营业收入（万元）	利　润（万元）	税　金（万元）
合　　计	**2 790 900.86**	**1 989 982.93**	**61 810.98**	**74 297.28**
（一）旅行社	136 673.26	413 353.17	4 223.72	1 617.96
（二）星级饭店	1 519 395.11	583 027.05	12 935.54	43 827.35
内资饭店	1 442 023.11	558 203.75	6 977.54	42 094.85
外资饭店	77 372.00	24 823.30	5 958.00	1 732.50
（三）旅游景区	981 574.64	950 065.76	32 905.04	27 486.82
（四）其他旅游企业	153 257.85	43 536.95	11 746.68	1 365.15

2－24　贵州省旅游

	固定资产原　值（万元）	营业收入（万元）	利　润（万元）	税　金（万元）
合　　计	**5 107 480.90**	**838 678.41**	**47 479.06**	**56 110.42**
（一）旅行社	31 049.77	98 909.22	－1 282.97	277.18
（二）星级饭店	336 921.33	195 116.56	－4 231.92	7 684.41
内资饭店	307 560.81	182 490.85	－4 508.97	7 114.11
外资饭店	29 360.52	12 625.71	277.05	570.30
（三）旅游景区	201 538.73	282 665.98	38 693.27	18 967.25
（四）其他旅游企业	4 537 971.07	261 986.65	14 300.68	29 181.58

企业主要经济指标

利润率（%）	全员劳动生产率（万元/人）	人均实现利税（万元/人）	人均实现利润（万元/人）	人均固定资产原值（万元/人）	从业人员（人）	企业数（家）
3.11	**20.48**	**1.40**	**0.64**	**28.73**	**97 154**	**2 739**
1.02	39.52	0.56	0.40	13.07	10 459	631
2.22	10.16	0.99	0.23	26.48	57 383	534
1.25	10.01	0.88	0.13	25.85	55 785	528
24.00	15.53	4.81	3.73	48.42	1 598	6
3.46	37.69	2.40	1.31	38.94	25 208	787
26.98	10.61	3.19	2.86	37.34	4 104	787

企业主要经济指标

利润率（%）	全员劳动生产率（万元/人）	人均实现利税（万元/人）	人均实现利润（万元/人）	人均固定资产原值（万元/人）	从业人员（人）	企业数（家）
5.66	**27.33**	**3.38**	**1.55**	**166.42**	**30 690**	**1 089**
-1.30	33.20	-0.34	-0.43	10.42	2 979	215
-2.17	9.02	0.16	-0.20	15.57	21 642	320
-2.47	8.84	0.13	-0.22	14.89	20 654	315
2.19	12.78	0.86	0.28	29.72	988	5
13.69	60.48	12.34	8.28	43.12	4 674	277
5.46	187.80	31.17	10.25	3 253.03	1 395	277

2－25　云南省旅游

	固定资产原　　值（万元）	营业收入（万元）	利　润（万元）	税　金（万元）
合　　计	**2 848 121.04**	**1 202 271.48**	**3 715.95**	**35 633.06**
（一）旅行社	200 377.38	671 772.08	2 613.88	4 447.32
（二）星级饭店	1 101 587.66	452 362.21	－5 328.31	26 987.34
内资饭店	922 458.31	397 080.92	－4 730.61	23 277.18
外资饭店	179 129.35	55 281.29	－597.70	3 710.16
（三）旅游景区	413 160.98	62 766.19	917.38	3 265.40
（四）其他旅游企业	1 132 995.02	15 371.00	5 513.00	933.00

2－26　西藏自治区旅游

	固定资产原　　值（万元）	营业收入（万元）	利　润（万元）	税　金（万元）
合　　计	**352 005.28**	**73 274.34**	**1 823.12**	**3 020.17**
（一）旅行社	34 561.55	23 842.04	28.12	173.17
（二）星级饭店	313 847.00	45 738.00	1 109.00	2 703.00
内资饭店	309 582.00	45 284.00	1 184.00	2 672.00
外资饭店	4 265.00	454.00	－75.00	31.00
（三）旅游景区	3 596.73	3 694.30	686.00	144.00
（四）其他旅游企业	0.00	0.00	0.00	0.00

企业主要经济指标

利润率（%）	全员劳动生产率（万元/人）	人均实现利税（万元/人）	人均实现利润（万元/人）	人均固定资产原值（万元/人）	从业人员（人）	企业数（家）
0.31	**14.57**	**0.48**	**0.05**	**34.52**	**82 498**	**1 860**
0.39	59.74	0.63	0.23	17.82	11 245	450
-1.18	11.06	0.53	-0.13	26.94	40 888	826
-1.19	10.72	0.50	-0.13	24.91	37 027	805
-1.08	14.32	0.81	-0.15	46.39	3 861	21
1.46	3.18	0.21	0.05	20.92	19 754	292
35.87	1.45	0.61	0.52	106.78	10 611	292

企业主要经济指标

利润率（%）	全员劳动生产率（万元/人）	人均实现利税（万元/人）	人均实现利润（万元/人）	人均固定资产原值（万元/人）	从业人员（人）	企业数（家）
2.49	**6.67**	**0.44**	**0.17**	**32.04**	**10 986**	**307**
0.12	28.15	0.24	0.03	40.80	847	39
2.42	4.59	0.38	0.11	31.49	9 968	149
2.61	4.59	0.39	0.12	31.40	9 858	146
-16.52	4.13	-0.40	-0.68	38.77	110	3
18.57	21.60	4.85	4.01	21.03	171	59
0.00	0.00	0.00	0.00	0.00	0	60

2－27　陕西省旅游

	固定资产原　值（万元）	营业收入（万元）	利　润（万元）	税　金（万元）
合　计	**1 460 500.68**	**766 451.64**	**－9 379.06**	**21 253.63**
(一)旅行社	66 879.66	259 685.16	－1 601.29	675.93
(二)星级饭店	906 913.54	318 253.59	－11 234.70	16 040.86
内资饭店	904 116.51	316 762.99	－11 336.70	15 980.86
外资饭店	2 797.03	1 490.60	102.00	60.00
(三)旅游景区	486 657.05	188 512.89	3 456.93	4 536.84
(四)其他旅游企业	50.43	0.00	0.00	0.00

2－28　甘肃省旅游

	固定资产原　值（万元）	营业收入（万元）	利　润（万元）	税　金（万元）
合　计	**1 015 269.05**	**306 587.46**	**3 234.36**	**11 187.05**
(一)旅行社	46 165.79	72 030.98	151.96	352.15
(二)星级饭店	513 676.99	145 551.82	2 904.99	9 730.85
内资饭店	481 218.67	141 343.82	2 667.99	9 476.75
外资饭店	32 458.32	4 208.00	237.00	254.10
(三)旅游景区	433 621.55	85 049.79	－102.34	992.00
(四)其他旅游企业	21 804.72	3 954.87	279.75	112.05

企业主要经济指标

利润率 (%)	全员劳动生产率 (万元/人)	人均实现利税 (万元/人)	人均实现利润 (万元/人)	人均固定资产原值 (万元/人)	从业人员 (人)	企业数 (家)
-1.22	**14.41**	**0.22**	**-0.18**	**27.46**	**53 195**	**1 319**
-0.62	35.64	-0.13	-0.22	9.18	7 287	531
-3.53	7.70	0.12	-0.27	21.93	41 358	338
-3.58	7.69	0.11	-0.28	21.94	41 206	336
6.84	9.81	1.07	0.67	18.40	152	2
1.83	41.66	1.77	0.76	107.55	4 525	225
0.00	0.00	0.00	0.00	2.02	25	225

企业主要经济指标

利润率 (%)	全员劳动生产率 (万元/人)	人均实现利税 (万元/人)	人均实现利润 (万元/人)	人均固定资产原值 (万元/人)	从业人员 (人)	企业数 (家)
1.05	**5.71**	**0.27**	**0.06**	**18.91**	**53 679**	**1 025**
0.21	20.60	0.14	0.04	13.21	3 496	335
2.00	5.87	0.51	0.12	20.72	24 789	312
1.89	5.70	0.49	0.11	19.41	24 789	310
5.63	0.00	0.00	0.00	0.00	0	2
-0.12	3.62	0.04	0.00	18.47	23 483	130
7.07	2.07	0.21	0.15	11.41	1 911	248

2－29　青海省旅游

	固定资产原值（万元）	营业收入（万元）	利润（万元）	税金（万元）
合计	**203 273.48**	**101 411.40**	**510.28**	**5 109.29**
（一）旅行社	16 656.76	26 625.20	－218.54	121.12
（二）星级饭店	127 616.48	73 115.89	483.65	4 863.75
内资饭店	127 616.48	70 411.62	483.65	4 585.75
外资饭店	0.00	2 704.27	0.00	278.00
（三）旅游景区	59 000.24	1 670.31	245.17	124.42
（四）其他旅游企业	0.00	0.00	0.00	0.00

2－30　宁夏回族自治区旅游

	固定资产原值（万元）	营业收入（万元）	利润（万元）	税金（万元）
合计	**294 649.35**	**159 438.29**	**379.81**	**6 991.33**
（一）旅行社	8 643.25	35 715.44	－148.07	283.89
（二）星级饭店	208 432.38	83 006.73	－6 996.55	5 014.58
内资饭店	208 432.38	83 006.73	－6 996.55	5 014.58
外资饭店	0.00	0.00	0.00	0.00
（三）旅游景区	75 413.10	40 541.12	7 524.43	1 692.86
（四）其他旅游企业	2 160.62	175.00	0.00	0.00

企业主要经济指标

利润率（%）	全员劳动生产率（万元/人）	人均实现利税（万元/人）	人均实现利润（万元/人）	人均固定资产原值（万元/人）	从业人员（人）	企业数（家）
0.50	**14.74**	**0.82**	**0.07**	**29.54**	**6 881**	**392**
-0.82	21.23	-0.08	-0.17	13.28	1 254	173
0.66	15.49	1.13	0.10	27.03	4 721	123
0.69	14.91	1.07	0.10	27.03	4 721	122
0.00	0.00	0.00	0.00	0.00	0	1
14.68	1.84	0.41	0.27	65.12	906	48
0.00	0.00	0.00	0.00	0.00	0	48

企业主要经济指标

利润率（%）	全员劳动生产率（万元/人）	人均实现利税（万元/人）	人均实现利润（万元/人）	人均固定资产原值（万元/人）	从业人员（人）	企业数（家）
0.24	**11.54**	**0.53**	**0.03**	**21.33**	**13 817**	**239**
-0.41	35.57	0.14	-0.15	8.61	1 004	85
-8.43	8.11	-0.19	-0.68	20.36	10 235	57
-8.43	8.11	-0.19	-0.68	20.36	10 235	57
0.00	0.00	0.00	0.00	0.00	0	0
18.56	17.73	4.03	3.29	32.99	2 286	37
0.00	0.60	0.00	0.00	7.40	292	60

2－31 新疆维吾尔自治区旅游

	固定资产原值（万元）	营业收入（万元）	利润（万元）	税金（万元）
合计	**2 541 029.52**	**874 464.79**	**72 840.17**	**50 708.34**
（一）旅行社	39 290.39	61 351.46	－2 309.59	423.10
（二）星级饭店	935 366.93	321 904.20	－14 972.88	22 550.71
内资饭店	864 366.93	306 547.90	－14 108.95	21 322.21
外资饭店	71 000.00	15 356.30	－863.93	1 228.50
（三）旅游景区	1 562 441.66	490 853.95	90 738.02	27 716.59
（四）其他旅游企业	3 930.54	355.18	－615.38	17.94

企业主要经济指标

利润率 (%)	全员劳动生产率 (万元/人)	人均实现利税 (万元/人)	人均实现利润 (万元/人)	人均固定资产原值 (万元/人)	从业人员 (人)	企业数 (家)
8.33	**16.97**	**2.40**	**1.41**	**49.30**	**51 543**	**1 413**
-3.76	18.69	-0.57	-0.70	11.97	3 283	356
-4.65	8.66	0.20	-0.40	25.17	37 166	433
-4.60	8.66	0.20	-0.40	24.41	35 406	426
-5.63	8.73	0.21	-0.49	40.34	1 760	7
18.49	45.87	11.07	8.48	146.01	10 701	312
-173.26	0.90	-1.52	-1.57	10.00	393	312

三、主要城市综合资料

3－1 主要城市旅游

	固定资产原值（万元）	营业收入（万元）	利润（万元）	税金（万元）
合计	**20 635 653.45**	**14 203 240.11**	**211 955.26**	**534 183.77**
（一）旅行社	2 009 287.89	7 211 266.33	34 275.64	54 345.46
（二）星级饭店	13 728 345.55	5 202 988.15	－758.02	396 115.79
内资饭店	10 809 023.21	4 420 775.14	－31 809.28	331 025.08
外资饭店	2 919 322.34	782 213.01	31 051.26	65 090.71
（三）旅游景区	4 681 806.58	1 660 025.92	150 529.89	78 914.33
（四）其他旅游企业	216 213.43	128 959.71	27 907.75	4 808.19

企业主要经济指标

利润率（%）	全员劳动生产率（万元/人）	人均实现利税（万元/人）	人均实现利润（万元/人）	人均固定资产原值（万元/人）	从业人员（人）	企业数（家）
1.49	**19.23**	**1.01**	**0.29**	**27.95**	**738 412**	**9 759**
0.48	76.22	0.94	0.36	21.24	94 606	4 502
-0.01	11.53	0.88	0.00	30.42	451 350	2 866
-0.72	11.26	0.76	-0.08	27.53	392 624	2 672
3.97	13.32	1.64	0.53	49.71	58 726	194
9.07	9.12	1.26	0.83	25.73	181 972	1 241
21.64	12.30	3.12	2.66	20.62	10 484	1 150

3-2 主要城市旅游企业

	固定资产 原　　值 （万元）	营业收入 （万元）	利　润 （万元）	税　金 （万元）
总　　计	**20 635 653.45**	**14 203 240.11**	**211 955.26**	**534 183.77**
沈　　阳	754 274.56	597 700.25	1 403.47	18 214.02
大　　连	1 849 934.78	570 973.74	-6 700.42	32 873.07
长　　春	584 009.56	208 926.01	-2 479.25	9 951.17
哈 尔 滨	792 727.95	261 059.78	-1 983.63	6 267.40
南　　京	978 385.85	901 056.50	43 222.20	21 919.88
无　　锡	678 508.37	674 366.18	-13 244.24	14 957.15
苏　　州	1 016 769.79	657 112.53	-21 673.44	22 277.96
杭　　州	1 819 283.55	1 516 841.53	38 507.72	56 611.66
宁　　波	968 700.16	639 764.80	44 098.62	21 696.04
黄　　山	203 324.77	160 179.14	1 065.25	4 572.37
福　　州	461 100.68	371 776.19	6 188.77	11 313.36
厦　　门	545 057.78	429 313.61	5 451.57	14 303.80
青　　岛	816 705.44	691 629.92	2 163.45	27 002.99
武　　汉	784 188.13	467 789.78	2 867.86	15 360.96
广　　州	2 411 025.38	2 040 735.15	59 819.87	104 524.59
深　　圳	2 510 764.66	1 260 988.58	52 829.33	72 396.42
珠　　海	80 073.03	100 759.64	-171.00	498.82
中　　山	206 090.23	139 812.97	-5 537.23	9 577.51
桂　　林	543 317.15	381 779.74	10 443.77	11 542.49
海　　口	705 916.79	314 455.55	-2 498.28	5 459.45
成　　都	844 376.75	813 541.48	13 069.06	31 661.78
昆　　明	589 695.98	595 357.88	-8 853.64	13 241.89
西　　安	491 422.11	407 319.16	-6 034.55	7 958.99

主要经济指标(按城市分)

利润率 (%)	全员劳动生产率 (万元/人)	人均实现利税 (万元/人)	人均实现利润 (万元/人)	人均固定资产原值 (万元/人)	从业人员 (人)	企业数 (家)
1.49	**19.23**	**1.01**	**0.29**	**27.95**	**738 412**	**9 759**
0.23	6.50	0.21	0.02	8.20	92 001	445
-1.17	13.35	0.61	-0.16	43.26	42 759	654
-1.19	13.23	0.47	-0.16	36.99	15 788	231
-0.76	14.85	0.24	-0.11	45.11	17 574	402
4.80	27.29	1.97	1.31	29.63	33 016	749
-1.96	30.29	0.08	-0.59	30.48	22 260	370
-3.30	19.35	0.02	-0.64	29.94	33 963	710
2.54	22.26	1.40	0.57	26.69	68 153	836
6.89	15.88	1.63	1.09	24.05	40 286	494
0.67	18.27	0.64	0.12	23.19	8 766	199
1.66	23.11	1.09	0.38	28.66	16 088	248
1.27	22.83	1.05	0.29	28.98	18 806	223
0.31	20.65	0.87	0.06	24.39	33 491	520
0.61	12.96	0.51	0.08	21.73	36 096	483
2.93	25.47	2.05	0.75	30.10	80 111	512
4.19	22.56	2.24	0.94	44.91	55 907	370
-0.17	16.34	0.05	-0.03	12.98	6 168	174
-3.96	12.84	0.37	-0.51	18.93	10 887	67
2.74	17.52	1.01	0.48	24.93	21 797	250
-0.79	19.86	0.19	-0.16	44.57	15 837	246
1.61	24.80	1.36	0.40	25.74	32 800	602
-1.49	34.70	0.26	-0.52	34.37	17 157	380
-1.48	21.78	0.10	-0.32	26.28	18 701	594

3－3 主要城市旅行社

	固定资产原值（万元）	营业收入（万元）	利润（万元）	税金（万元）
总计	**2 009 287.89**	**7 211 266.33**	**34 275.64**	**54 345.46**
沈阳	26 857.39	297 440.21	1 035.20	1 700.76
大连	48 790.67	159 692.37	1 662.06	981.46
长春	28 641.17	32 927.52	－469.05	120.87
哈尔滨	33 832.95	131 990.43	1 281.97	1 261.51
南京	92 659.19	451 774.21	2 592.29	2 679.81
无锡	65 870.95	398 303.15	1 446.53	1 385.49
苏州	90 416.22	275 106.68	3 764.61	2 519.56
杭州	182 337.37	753 986.06	4 746.69	5 103.03
宁波	43 412.57	230 261.15	1 697.52	1 278.22
黄山	31 936.70	99 890.72	530.14	1 011.96
福州	64 802.36	238 470.46	620.41	1 093.26
厦门	44 465.32	236 769.66	886.75	1 606.76
青岛	90 283.36	267 875.27	－387.97	1 651.00
武汉	109 383.94	227 881.39	1 007.43	1 544.77
广州	400 045.21	1 174 828.39	9 459.70	9 495.35
深圳	169 345.41	688 185.59	7 247.81	14 745.22
珠海	80 073.03	100 759.64	－171.00	498.82
中山	22 448.61	83 695.47	603.00	610.51
桂林	50 909.90	164 891.46	－876.74	735.95
海口	65 949.64	228 217.28	－64.35	991.34
成都	102 502.36	316 532.40	－54.14	1 039.92
昆明	110 761.11	438 469.36	－494.45	1 737.77
西安	53 562.46	213 317.46	－1 788.77	552.12

主要经济指标(按城市分)

利润率 (%)	全员劳动生产率 (万元/人)	人均实现利税 (万元/人)	人均实现利润 (万元/人)	人均固定资产原值 (万元/人)	从业人员 (人)	企业数 (家)
0.48	**76.22**	**0.94**	**0.36**	**21.24**	**94 606**	**4 502**
0.35	106.61	0.98	0.37	9.63	2 790	167
1.04	51.46	0.85	0.54	15.72	3 103	337
-1.42	24.87	-0.26	-0.35	21.63	1 324	136
0.97	49.31	0.95	0.48	12.64	2 677	220
0.57	82.01	0.96	0.47	16.82	5 509	418
0.36	163.71	1.16	0.59	27.07	2 433	115
1.37	83.44	1.91	1.14	27.42	3 297	180
0.63	84.73	1.11	0.53	20.49	8 899	443
0.74	64.30	0.83	0.47	12.12	3 581	202
0.53	44.96	0.69	0.24	14.37	2 222	112
0.26	109.89	0.79	0.29	29.86	2 170	110
0.37	71.10	0.75	0.27	13.35	3 330	103
-0.14	51.88	0.24	-0.08	17.49	5 163	327
0.44	40.35	0.45	0.18	19.37	5 648	221
0.81	121.27	1.96	0.98	41.29	9 688	194
1.05	102.00	3.26	1.07	25.10	6 747	178
-0.17	56.04	0.18	-0.10	44.53	1 798	85
0.72	61.41	0.89	0.44	16.47	1 363	22
-0.53	52.65	-0.04	-0.28	16.25	3 132	99
-0.03	44.19	0.18	-0.01	12.77	5 164	153
-0.02	58.30	0.18	-0.01	18.88	5 429	214
-0.11	96.47	0.27	-0.11	24.37	4 545	192
-0.84	46.43	-0.27	-0.39	11.66	4 594	274

3－4 主要城市星级饭店

	固定资产原值（万元）	营业收入（万元）	利润（万元）	税金（万元）
总计	**13 728 345.55**	**5 202 988.15**	**－758.02**	**396 115.79**
沈阳	581 313.31	201 856.74	3 343.89	15 998.34
大连	1 109 190.90	249 553.33	－20 799.44	22 755.37
长春	453 883.60	152 937.41	－3 651.20	9 285.00
哈尔滨	602 011.62	97 936.44	－3 252.60	5 002.89
南京	662 748.12	337 259.72	15 022.24	16 484.78
无锡	418 219.15	197 472.75	－18 483.06	11 574.77
苏州	698 395.13	327 324.87	－22 602.47	17 858.06
杭州	1 349 401.48	687 326.66	11 533.91	40 422.07
宁波	792 193.27	355 374.96	29 862.12	19 179.40
黄山	171 388.07	60 288.42	535.11	3 560.41
福州	396 298.32	133 305.73	5 568.36	10 220.10
厦门	426 958.88	159 900.50	－514.26	11 528.07
青岛	726 422.08	423 754.65	2 551.42	25 351.99
武汉	512 966.86	188 959.67	－1 240.30	11 186.00
广州	1 423 613.33	547 957.24	17 469.55	80 725.14
深圳	909 629.83	313 934.63	5 024.58	42 846.24
珠海	0.00	0.00	0.00	0.00
中山	158 986.93	52 258.26	－5 553.12	8 769.89
桂林	278 289.95	82 243.31	－6 908.06	5 459.19
海口	541 619.37	86 000.01	－2 322.26	4 463.44
成都	649 162.79	255 234.43	9 844.34	17 787.73
昆明	478 934.87	156 888.52	－8 359.19	11 504.12
西安	386 717.69	135 219.90	－7 827.58	4 152.79

主要经济指标（按城市分）

利润率 （%）	全员劳动生产率 （万元/人）	人均实现利税 （万元/人）	人均实现利润 （万元/人）	人均固定资产原值 （万元/人）	从业人员 （人）	企业数 （家）
-0.01	**11.53**	**0.88**	**0.00**	**30.42**	**451 350**	**2 866**
1.66	12.81	1.23	0.21	36.89	15 757	122
-8.33	10.04	0.08	-0.84	44.63	24 855	177
-2.39	12.13	0.45	-0.29	36.00	12 609	65
-3.32	6.70	0.12	-0.22	41.17	14 621	92
4.45	16.26	1.52	0.72	31.95	20 741	132
-9.36	13.03	-0.46	-1.22	27.59	15 159	76
-6.91	12.82	-0.19	-0.89	27.35	25 538	176
1.68	14.79	1.12	0.25	29.04	46 474	307
8.40	12.17	1.68	1.02	27.13	29 197	191
0.89	9.21	0.63	0.08	26.19	6 544	72
4.18	9.58	1.13	0.40	28.47	13 918	74
-0.32	11.75	0.81	-0.04	31.38	13 606	76
0.60	14.96	0.99	0.09	25.64	28 328	193
-0.66	9.19	0.48	-0.06	24.95	20 557	112
3.19	11.14	2.00	0.36	28.93	49 207	207
1.60	9.42	1.44	0.15	27.29	33 331	153
0.00	0.00	0.00	0.00	0.00	4 370	89
-10.63	6.11	0.38	-0.65	18.59	8 553	31
-8.40	8.24	-0.15	-0.69	27.88	9 982	77
-2.70	8.80	0.22	-0.24	55.40	9 776	72
3.86	11.30	1.22	0.44	28.75	22 581	152
-5.33	12.44	0.25	-0.66	37.97	12 612	108
-5.79	10.37	-0.28	-0.60	29.67	13 034	112

3-5 主要城市内资星级饭店

	固定资产原值（万元）	营业收入（万元）	利润（万元）	税金（万元）
总计	**10 809 023.21**	**4 420 775.14**	**-31 809.28**	**331 025.08**
沈阳	322 227.19	143 140.84	-1 951.11	11 419.30
大连	810 845.70	199 516.07	-17 627.49	18 365.31
长春	310 003.60	120 936.41	-8 929.20	7 739.00
哈尔滨	540 092.70	80 557.11	-6 332.60	4 173.66
南京	586 928.50	297 770.70	11 849.93	14 493.75
无锡	326 181.54	182 427.65	-14 489.14	10 513.92
苏州	645 897.32	284 477.49	-26 056.74	15 713.87
杭州	1 347 330.74	679 944.57	13 050.59	40 064.91
宁波	704 084.08	337 454.65	32 437.21	18 260.41
黄山	167 703.07	59 117.42	601.11	3 495.41
福州	206 248.38	83 856.02	45.36	6 183.98
厦门	408 445.42	156 440.66	1 063.40	11 301.76
青岛	562 120.23	333 253.41	1 957.54	21 009.16
武汉	333 700.27	143 068.65	-9 137.80	7 229.70
广州	1 019 236.21	455 995.67	11 744.92	68 136.12
深圳	474 743.11	202 570.98	1 544.26	27 583.36
珠海	0.00	0.00	0.00	0.00
中山	158 986.93	52 258.26	-5 553.12	8 769.89
桂林	172 201.73	55 489.34	-3 936.61	4 167.99
海口	428 436.87	70 093.15	-366.86	3 694.71
成都	571 790.79	230 411.13	3 886.34	16 055.23
昆明	325 101.14	116 775.06	-7 781.69	8 500.85
西安	386 717.69	135 219.90	-7 827.58	4 152.79

主要经济指标(按城市分)

利润率 (%)	全员劳动生产率 (万元/人)	人均实现利税 (万元/人)	人均实现利润 (万元/人)	人均固定资产原值 (万元/人)	从业人员 (人)	企业数 (家)
-0.72	**11.26**	**0.76**	**-0.08**	**27.53**	**392 624**	**2 672**
-1.36	12.09	0.80	-0.16	27.21	11 841	110
-8.84	9.64	0.04	-0.85	39.18	20 693	166
-7.38	11.12	-0.11	-0.82	28.51	10 874	61
-7.86	5.85	-0.16	-0.46	39.25	13 760	90
3.98	15.83	1.40	0.63	31.20	18 810	127
-7.94	13.37	-0.29	-1.06	23.91	13 643	72
-9.16	12.32	-0.45	-1.13	27.98	23 082	167
1.92	14.78	1.15	0.28	29.28	46 018	302
9.61	12.23	1.84	1.18	25.52	27 588	184
1.02	9.36	0.65	0.10	26.55	6 316	70
0.05	8.16	0.61	0.00	20.08	10 272	61
0.68	11.90	0.94	0.08	31.08	13 143	75
0.59	14.54	1.00	0.09	24.53	22 919	178
-6.39	8.11	-0.11	-0.52	18.92	17 639	102
2.58	10.98	1.92	0.28	24.54	41 529	187
0.76	8.86	1.27	0.07	20.76	22 870	122
0.00	0.00	0.00	0.00	0.00	3 930	81
-10.63	6.11	0.38	-0.65	18.59	8 553	31
-7.09	8.04	0.03	-0.57	24.95	6 901	66
-0.52	8.56	0.41	-0.04	52.33	8 187	66
1.69	10.98	0.95	0.19	27.25	20 983	146
-6.66	11.63	0.07	-0.78	32.38	10 039	96
-5.79	10.37	-0.28	-0.60	29.67	13 034	112

3－6　主要城市外资星级饭店

	固定资产原　值（万元）	营业收入（万元）	利　润（万元）	税　金（万元）
总　计	**2 919 322.34**	**782 213.01**	**31 051.26**	**65 090.71**
沈　阳	259 086.12	58 715.90	5 295.00	4 579.04
大　连	298 345.20	50 037.26	－3 171.95	4 390.06
长　春	143 880.00	32 001.00	5 278.00	1 546.00
哈尔滨	61 918.92	17 379.33	3 080.00	829.23
南　京	75 819.62	39 489.02	3 172.31	1 991.03
无　锡	92 037.61	15 045.10	－3 993.92	1 060.85
苏　州	52 497.81	42 847.38	3 454.27	2 144.19
杭　州	2 070.74	7 382.09	－1 516.68	357.16
宁　波	88 109.19	17 920.31	－2 575.09	918.99
黄　山	3 685.00	1 171.00	－ 66.00	65.00
福　州	190 049.94	49 449.71	5 523.00	4 036.12
厦　门	18 513.46	3 459.84	－1 577.66	226.31
青　岛	164 301.85	90 501.24	593.88	4 342.83
武　汉	179 266.59	45 891.02	7 897.50	3 956.30
广　州	404 377.12	91 961.57	5 724.63	12 589.02
深　圳	434 886.72	111 363.65	3 480.32	15 262.88
珠　海	0.00	0.00	0.00	0.00
中　山	0.00	0.00	0.00	0.00
桂　林	106 088.22	26 753.97	－2 971.45	1 291.20
海　口	113 182.50	15 906.86	－1 955.40	768.73
成　都	77 372.00	24 823.30	5 958.00	1 732.50
昆　明	153 833.73	40 113.46	－ 577.50	3 003.27
西　安	0.00	0.00	0.00	0.00

主要经济指标(按城市分)

利润率 (%)	全员劳动生产率 (万元/人)	人均实现利税 (万元/人)	人均实现利润 (万元/人)	人均固定资产原值 (万元/人)	从业人员 (人)	企业数 (家)
3.97	**13.32**	**1.64**	**0.53**	**49.71**	**58 726**	**194**
9.02	14.99	2.52	1.35	66.16	3 916	12
-6.34	12.02	0.29	-0.76	71.68	4 162	11
16.49	18.44	3.93	3.04	82.93	1 735	4
17.72	20.19	4.54	3.58	71.92	861	2
8.03	20.45	2.67	1.64	39.26	1 931	5
-26.55	9.92	-1.93	-2.63	60.71	1 516	4
8.06	17.45	2.28	1.41	21.38	2 456	9
-20.55	16.19	-2.54	-3.33	4.54	456	5
-14.37	11.14	-1.03	-1.60	54.76	1 609	7
-5.64	5.14	0.00	-0.29	16.16	228	2
11.17	13.56	2.62	1.51	52.13	3 646	13
-45.60	7.47	-2.92	-3.41	39.99	463	1
0.66	16.73	0.91	0.11	30.38	5 409	15
17.21	15.73	4.06	2.71	61.43	2 918	10
6.23	11.98	2.39	0.75	52.67	7 678	20
3.13	10.65	1.79	0.33	41.57	10 461	31
0.00	0.00	0.00	0.00	0.00	440	8
0.00	0.00	0.00	0.00	0.00	0	0
-11.11	8.68	-0.55	-0.96	34.43	3 081	11
-12.29	10.01	-0.75	-1.23	71.23	1 589	6
24.00	15.53	4.81	3.73	48.42	1 598	6
-1.44	15.59	0.94	-0.22	59.79	2 573	12
0.00	0.00	0.00	0.00	0.00	0	0

3－7 主要城市其他旅游企业

	固定资产原值（万元）	营业收入（万元）	利润（万元）	税金（万元）
总计	**4 898 020.01**	**1 788 985.63**	**178 437.64**	**83 722.52**
沈阳	146 103.86	98 403.30	－2 975.62	514.92
大连	691 953.21	161 728.04	12 436.96	9 136.24
长春	101 484.79	23 061.08	1 641.00	545.30
哈尔滨	156 883.38	31 132.91	－13.00	3.00
南京	222 978.54	112 022.57	25 607.67	2 755.29
无锡	194 418.27	78 590.28	3 792.29	1 996.89
苏州	227 958.44	54 680.98	－2 835.58	1 900.34
杭州	287 544.70	75 528.81	22 227.12	11 086.56
宁波	133 094.32	54 128.69	12 538.98	1 238.42
黄山	0.00	0.00	0.00	0.00
福州	0.00	0.00	0.00	0.00
厦门	73 633.58	32 643.45	5 079.08	1 168.97
青岛	0.00	0.00	0.00	0.00
武汉	161 837.33	50 948.72	3 100.73	2 630.19
广州	587 366.84	317 949.52	32 890.62	14 304.10
深圳	1 431 789.42	258 868.36	40 556.94	14 804.96
珠海	0.00	0.00	0.00	0.00
中山	24 654.69	3 859.24	－587.11	197.11
桂林	214 117.30	134 644.97	18 228.57	5 347.35
海口	98 347.78	238.26	－111.67	4.67
成都	92 711.60	241 774.65	3 278.86	12 834.13
昆明	0.00	0.00	0.00	0.00
西安	51 141.96	58 781.80	3 581.80	3 254.08

主要经济指标(按城市分)

利润率 (%)	全员劳动生产率 (万元/人)	人均实现利税 (万元/人)	人均实现利润 (万元/人)	人均固定资产原值 (万元/人)	从业人员 (人)	企业数 (家)
9.97	**9.30**	**1.36**	**0.93**	**25.45**	**192 456**	**2 391**
-3.02	1.34	-0.03	-0.04	1.99	73 454	156
7.69	10.93	1.46	0.84	46.75	14 801	140
7.12	12.43	1.18	0.88	54.71	1 855	30
-0.04	112.80	-0.04	-0.05	568.42	276	90
22.86	16.56	4.19	3.78	32.96	6 766	199
4.83	16.84	1.24	0.81	41.65	4 668	179
-5.19	10.66	-0.18	-0.55	44.45	5 128	354
29.43	5.91	2.61	1.74	22.50	12 780	86
23.17	7.21	1.84	1.67	17.73	7 508	101
0.00	0.00	0.00	0.00	0.00	0	15
0.00	0.00	0.00	0.00	0.00	0	64
15.56	17.46	3.34	2.72	39.38	1 870	44
0.00	0.00	0.00	0.00	0.00	0	0
6.09	5.15	0.58	0.31	16.36	9 891	150
10.34	14.99	2.22	1.55	27.69	21 216	111
15.67	16.35	3.50	2.56	90.45	15 829	39
0.00	0.00	0.00	0.00	0.00	0	0
-15.21	3.97	-0.40	-0.60	25.39	971	14
13.54	15.51	2.72	2.10	24.66	8 683	74
-46.87	0.27	-0.12	-0.12	109.64	897	21
1.36	50.47	3.36	0.68	19.36	4 790	236
0.00	0.00	0.00	0.00	0.00	0	80
6.09	54.78	6.37	3.34	47.66	1 073	208

四、分城市旅游企业资料

4－1　沈阳市旅游

	固定资产原值（万元）	营业收入（万元）	利润（万元）	税金（万元）
合计	**754 274.56**	**597 700.25**	**1 403.47**	**18 214.02**
（一）旅行社	26 857.39	297 440.21	1 035.20	1 700.76
（二）星级饭店	581 313.31	201 856.74	3 343.89	15 998.34
内资饭店	322 227.19	143 140.84	－1 951.11	11 419.30
外资饭店	259 086.12	58 715.90	5 295.00	4 579.04
（三）旅游景区	145 400.96	98 403.30	－2 975.62	514.92
（四）其他旅游企业	702.90	0.00	0.00	0.00

4－2　大连市旅游

	固定资产原值（万元）	营业收入（万元）	利润（万元）	税金（万元）
合计	**1 849 934.78**	**570 973.74**	**－6 700.42**	**32 873.07**
（一）旅行社	48 790.67	159 692.37	1 662.06	981.46
（二）星级饭店	1 109 190.90	249 553.33	－20 799.44	22 755.37
内资饭店	810 845.70	199 516.07	－17 627.49	18 365.31
外资饭店	298 345.20	50 037.26	－3 171.95	4 390.06
（三）旅游景区	680 676.21	156 154.04	11 289.96	8 926.24
（四）其他旅游企业	11 277.00	5 574.00	1 147.00	210.00

企业主要经济指标

利润率（%）	全员劳动生产率（万元/人）	人均实现利税（万元/人）	人均实现利润（万元/人）	人均固定资产原值（万元/人）	从业人员（人）	企业数（家）
0.23	**6.50**	**0.21**	**0.02**	**8.20**	**92 001**	**445**
0.35	106.61	0.98	0.37	9.63	2 790	167
1.66	12.81	1.23	0.21	36.89	15 757	122
-1.36	12.09	0.80	-0.16	27.21	11 841	110
9.02	14.99	2.52	1.35	66.16	3 916	12
-3.02	1.34	-0.03	-0.04	1.98	73 279	78
0.00	0.00	0.00	0.00	4.02	175	78

企业主要经济指标

利润率（%）	全员劳动生产率（万元/人）	人均实现利税（万元/人）	人均实现利润（万元/人）	人均固定资产原值（万元/人）	从业人员（人）	企业数（家）
-1.17	**13.35**	**0.61**	**-0.16**	**43.26**	**42 759**	**654**
1.04	51.46	0.85	0.54	15.72	3 103	337
-8.33	10.04	0.08	-0.84	44.63	24 855	177
-8.84	9.64	0.04	-0.85	39.18	20 693	166
-6.34	12.02	0.29	-0.76	71.68	4 162	11
7.23	11.10	1.44	0.80	48.37	14 073	70
20.58	7.66	1.86	1.58	15.49	728	70

4－3 长春市旅游

	固定资产原值（万元）	营业收入（万元）	利润（万元）	税金（万元）
合计	**584 009.56**	**208 926.01**	**－2 479.25**	**9 951.17**
（一）旅行社	28 641.17	32 927.52	－469.05	120.87
（二）星级饭店	453 883.60	152 937.41	－3 651.20	9 285.00
内资饭店	310 003.60	120 936.41	－8 929.20	7 739.00
外资饭店	143 880.00	32 001.00	5 278.00	1 546.00
（三）旅游景区	101 484.79	23 061.08	1 641.00	545.30
（四）其他旅游企业	0.00	0.00	0.00	0.00

4－4 哈尔滨市旅游

	固定资产原值（万元）	营业收入（万元）	利润（万元）	税金（万元）
合计	**792 727.95**	**261 059.78**	**－1 983.63**	**6 267.40**
（一）旅行社	33 832.95	131 990.43	1 281.97	1 261.51
（二）星级饭店	602 011.62	97 936.44	－3 252.60	5 002.89
内资饭店	540 092.70	80 557.11	－6 332.60	4 173.66
外资饭店	61 918.92	17 379.33	3 080.00	829.23
（三）旅游景区	156 883.38	31 132.91	－13.00	3.00
（四）其他旅游企业	0.00	0.00	0.00	0.00

企业主要经济指标

利润率 （%）	全员劳动 生 产 率 （万元/人）	人均实现 利　　税 （万元/人）	人均实现 利　　润 （万元/人）	人均固定 资产原值 （万元/人）	从业人员 （人）	企业数 （家）
-1.19	**13.23**	**0.47**	**-0.16**	**36.99**	**15 788**	**231**
-1.42	24.87	-0.26	-0.35	21.63	1 324	136
-2.39	12.13	0.45	-0.29	36.00	12 609	65
-7.38	11.12	-0.11	-0.82	28.51	10 874	61
16.49	18.44	3.93	3.04	82.93	1 735	4
7.12	12.43	1.18	0.88	54.71	1 855	14
0.00	0.00	0.00	0.00	0.00	0	16

企业主要经济指标

利润率 （%）	全员劳动 生 产 率 （万元/人）	人均实现 利　　税 （万元/人）	人均实现 利　　润 （万元/人）	人均固定 资产原值 （万元/人）	从业人员 （人）	企业数 （家）
-0.76	**14.85**	**0.24**	**-0.11**	**45.11**	**17 574**	**402**
0.97	49.31	0.95	0.48	12.64	2 677	220
-3.32	6.70	0.12	-0.22	41.17	14 621	92
-7.86	5.85	-0.16	-0.46	39.25	13 760	90
17.72	20.19	4.54	3.58	71.92	861	2
-0.04	112.80	-0.04	-0.05	568.42	276	45
0.00	0.00	0.00	0.00	0.00	0	45

4－5　南京市旅游

	固定资产原　值（万元）	营业收入（万元）	利　润（万元）	税　金（万元）
合　　计	**978 385.85**	**901 056.50**	**43 222.20**	**21 919.88**
（一）旅行社	92 659.19	451 774.21	2 592.29	2 679.81
（二）星级饭店	662 748.12	337 259.72	15 022.24	16 484.78
内资饭店	586 928.50	297 770.70	11 849.93	14 493.75
外资饭店	75 819.62	39 489.02	3 172.31	1 991.03
（三）旅游景区	222 978.54	112 022.57	25 607.67	2 755.29
（四）其他旅游企业	0.00	0.00	0.00	0.00

4－6　无锡市旅游

	固定资产原　值（万元）	营业收入（万元）	利　润（万元）	税　金（万元）
合　　计	**678 508.37**	**674 366.18**	**－13 244.24**	**14 957.15**
（一）旅行社	65 870.95	398 303.15	1 446.53	1 385.49
（二）星级饭店	418 219.15	197 472.75	－18 483.06	11 574.77
内资饭店	326 181.54	182 427.65	－14 489.14	10 513.92
外资饭店	92 037.61	15 045.10	－3 993.92	1 060.85
（三）旅游景区	194 418.27	78 590.28	3 792.29	1 996.89
（四）其他旅游企业	0.00	0.00	0.00	0.00

企业主要经济指标

利润率 (%)	全员劳动生产率 (万元/人)	人均实现利税 (万元/人)	人均实现利润 (万元/人)	人均固定资产原值 (万元/人)	从业人员 (人)	企业数 (家)
4.80	**27.29**	**1.97**	**1.31**	**29.63**	**33 016**	**749**
0.57	82.01	0.96	0.47	16.82	5 509	418
4.45	16.26	1.52	0.72	31.95	20 741	132
3.98	15.83	1.40	0.63	31.20	18 810	127
8.03	20.45	2.67	1.64	39.26	1 931	5
22.86	16.56	4.19	3.78	32.96	6 766	105
0.00	0.00	0.00	0.00	0.00	0	94

企业主要经济指标

利润率 (%)	全员劳动生产率 (万元/人)	人均实现利税 (万元/人)	人均实现利润 (万元/人)	人均固定资产原值 (万元/人)	从业人员 (人)	企业数 (家)
-1.96	**30.29**	**0.08**	**-0.59**	**30.48**	**22 260**	**370**
0.36	163.71	1.16	0.59	27.07	2 433	115
-9.36	13.03	-0.46	-1.22	27.59	15 159	76
-7.94	13.37	-0.29	-1.06	23.91	13 643	72
-26.55	9.92	-1.93	-2.63	60.71	1 516	4
4.83	16.84	1.24	0.81	41.65	4 668	92
0.00	0.00	0.00	0.00	0.00	0	87

4-7 苏州市旅游

	固定资产原值（万元）	营业收入（万元）	利润（万元）	税金（万元）
合计	**1 016 769.79**	**657 112.53**	**-21 673.44**	**22 277.96**
(一)旅行社	90 416.22	275 106.68	3 764.61	2 519.56
(二)星级饭店	698 395.13	327 324.87	-22 602.47	17 858.06
内资饭店	645 897.32	284 477.49	-26 056.74	15 713.87
外资饭店	52 497.81	42 847.38	3 454.27	2 144.19
(三)旅游景区	227 958.44	54 680.98	-2 835.58	1 900.34
(四)其他旅游企业	0.00	0.00	0.00	0.00

4-8 杭州市旅游

	固定资产原值（万元）	营业收入（万元）	利润（万元）	税金（万元）
合计	**1 819 283.55**	**1 516 841.53**	**38 507.72**	**56 611.66**
(一)旅行社	182 337.37	753 986.06	4 746.69	5 103.03
(二)星级饭店	1 349 401.48	687 326.66	11 533.91	40 422.07
内资饭店	1 347 330.74	679 944.57	13 050.59	40 064.91
外资饭店	2 070.74	7 382.09	-1 516.68	357.16
(三)旅游景区	287 544.70	75 528.81	22 227.12	11 086.56
(四)其他旅游企业	0.00	0.00	0.00	0.00

企业主要经济指标

利润率（%）	全员劳动生产率（万元/人）	人均实现利税（万元/人）	人均实现利润（万元/人）	人均固定资产原值（万元/人）	从业人员（人）	企业数（家）
-3.30	**19.35**	**0.02**	**-0.64**	**29.94**	**33 963**	**710**
1.37	83.44	1.91	1.14	27.42	3 297	180
-6.91	12.82	-0.19	-0.89	27.35	25 538	176
-9.16	12.32	-0.45	-1.13	27.98	23 082	167
8.06	17.45	2.28	1.41	21.38	2 456	9
-5.19	10.66	-0.18	-0.55	44.45	5 128	178
0.00	0.00	0.00	0.00	0.00	0	176

企业主要经济指标

利润率（%）	全员劳动生产率（万元/人）	人均实现利税（万元/人）	人均实现利润（万元/人）	人均固定资产原值（万元/人）	从业人员（人）	企业数（家）
2.54	**22.26**	**1.40**	**0.57**	**26.69**	**68 153**	**836**
0.63	84.73	1.11	0.53	20.49	8 899	443
1.68	14.79	1.12	0.25	29.04	46 474	307
1.92	14.78	1.15	0.28	29.28	46 018	302
-20.55	16.19	-2.54	-3.33	4.54	456	5
29.43	5.91	2.61	1.74	22.50	12 780	16
0.00	0.00	0.00	0.00	0.00	0	70

4-9 宁波市旅游

	固定资产原值（万元）	营业收入（万元）	利润（万元）	税金（万元）
合计	**968 700.16**	**639 764.80**	**44 098.62**	**21 696.04**
（一）旅行社	43 412.57	230 261.15	1 697.52	1 278.22
（二）星级饭店	792 193.27	355 374.96	29 862.12	19 179.40
内资饭店	704 084.08	337 454.65	32 437.21	18 260.41
外资饭店	88 109.19	17 920.31	-2 575.09	918.99
（三）旅游景区	133 094.32	54 128.69	12 538.98	1 238.42
（四）其他旅游企业	0.00	0.00	0.00	0.00

4-10 黄山市旅游

	固定资产原值（万元）	营业收入（万元）	利润（万元）	税金（万元）
合计	**203 324.77**	**160 179.14**	**1 065.25**	**4 572.37**
（一）旅行社	31 936.70	99 890.72	530.14	1 011.96
（二）星级饭店	171 388.07	60 288.42	535.11	3 560.41
内资饭店	167 703.07	59 117.42	601.11	3 495.41
外资饭店	3 685.00	1 171.00	-66.00	65.00
（三）旅游景区	0.00	0.00	0.00	0.00
（四）其他旅游企业	0.00	0.00	0.00	0.00

企业主要经济指标

利润率（%）	全员劳动生产率（万元/人）	人均实现利税（万元/人）	人均实现利润（万元/人）	人均固定资产原值（万元/人）	从业人员（人）	企业数（家）
6.89	**15.88**	**1.63**	**1.09**	**24.05**	**40 286**	**494**
0.74	64.30	0.83	0.47	12.12	3 581	202
8.40	12.17	1.68	1.02	27.13	29 197	191
9.61	12.23	1.84	1.18	25.52	27 588	184
-14.37	11.14	-1.03	-1.60	54.76	1 609	7
23.17	7.21	1.84	1.67	17.73	7 508	23
0.00	0.00	0.00	0.00	0.00	0	78

企业主要经济指标

利润率（%）	全员劳动生产率（万元/人）	人均实现利税（万元/人）	人均实现利润（万元/人）	人均固定资产原值（万元/人）	从业人员（人）	企业数（家）
0.67	**18.27**	**0.64**	**0.12**	**23.19**	**8 766**	**199**
0.53	44.96	0.69	0.24	14.37	2 222	112
0.89	9.21	0.63	0.08	26.19	6 544	72
1.02	9.36	0.65	0.10	26.55	6 316	70
-5.64	5.14	0.00	-0.29	16.16	228	2
0.00	0.00	0.00	0.00	0.00	0	15
0.00	0.00	0.00	0.00	0.00	0	0

4－11　福州市旅游

	固定资产原值（万元）	营业收入（万元）	利润（万元）	税金（万元）
合计	**461 100.68**	**371 776.19**	**6 188.77**	**11 313.36**
（一）旅行社	64 802.36	238 470.46	620.41	1 093.26
（二）星级饭店	396 298.32	133 305.73	5 568.36	10 220.10
内资饭店	206 248.38	83 856.02	45.36	6 183.98
外资饭店	190 049.94	49 449.71	5 523.00	4 036.12
（三）旅游景区	0.00	0.00	0.00	0.00
（四）其他旅游企业	0.00	0.00	0.00	0.00

4－12　厦门市旅游

	固定资产原值（万元）	营业收入（万元）	利润（万元）	税金（万元）
合计	**545 057.78**	**429 313.61**	**5 451.57**	**14 303.80**
（一）旅行社	44 465.32	236 769.66	886.75	1 606.76
（二）星级饭店	426 958.88	159 900.50	－514.26	11 528.07
内资饭店	408 445.42	156 440.66	1 063.40	11 301.76
外资饭店	18 513.46	3 459.84	－1 577.66	226.31
（三）旅游景区	73 633.58	32 643.45	5 079.08	1 168.97
（四）其他旅游企业	0.00	0.00	0.00	0.00

企业主要经济指标

利润率 （%）	全员劳动生产率 （万元/人）	人均实现利税 （万元/人）	人均实现利润 （万元/人）	人均固定资产原值 （万元/人）	从业人员 （人）	企业数 （家）
1.66	**23.11**	**1.09**	**0.38**	**28.66**	**16 088**	**248**
0.26	109.89	0.79	0.29	29.86	2 170	110
4.18	9.58	1.13	0.40	28.47	13 918	74
0.05	8.16	0.61	0.00	20.08	10 272	61
11.17	13.56	2.62	1.51	52.13	3 646	13
0.00	0.00	0.00	0.00	0.00	0	32
0.00	0.00	0.00	0.00	0.00	0	32

企业主要经济指标

利润率 （%）	全员劳动生产率 （万元/人）	人均实现利税 （万元/人）	人均实现利润 （万元/人）	人均固定资产原值 （万元/人）	从业人员 （人）	企业数 （家）
1.27	**22.83**	**1.05**	**0.29**	**28.98**	**18 806**	**223**
0.37	71.10	0.75	0.27	13.35	3 330	103
-0.32	11.75	0.81	-0.04	31.38	13 606	76
0.68	11.90	0.94	0.08	31.08	13 143	75
-45.60	7.47	-2.92	-3.41	39.99	463	1
15.56	17.46	3.34	2.72	39.38	1 870	22
0.00	0.00	0.00	0.00	0.00	0	22

4－13　青岛市旅游

	固定资产原　值（万元）	营业收入（万元）	利　润（万元）	税　金（万元）
合　　计	**816 705.44**	**691 629.92**	**2 163.45**	**27 002.99**
（一）旅行社	90 283.36	267 875.27	－387.97	1 651.00
（二）星级饭店	726 422.08	423 754.65	2 551.42	25 351.99
内资饭店	562 120.23	333 253.41	1 957.54	21 009.16
外资饭店	164 301.85	90 501.24	593.88	4 342.83
（三）旅游景区	0.00	0.00	0.00	0.00
（四）其他旅游企业	0.00	0.00	0.00	0.00

4－14　武汉市旅游

	固定资产原　值（万元）	营业收入（万元）	利　润（万元）	税　金（万元）
合　　计	**784 188.13**	**467 789.78**	**2 867.86**	**15 360.96**
（一）旅行社	109 383.94	227 881.39	1 007.43	1 544.77
（二）星级饭店	512 966.86	188 959.67	－1 240.30	11 186.00
内资饭店	333 700.27	143 068.65	－9 137.80	7 229.70
外资饭店	179 266.59	45 891.02	7 897.50	3 956.30
（三）旅游景区	161 837.33	50 948.72	3 100.73	2 630.19
（四）其他旅游企业	0.00	0.00	0.00	0.00

企业主要经济指标

利润率（%）	全员劳动生产率（万元/人）	人均实现利税（万元/人）	人均实现利润（万元/人）	人均固定资产原值（万元/人）	从业人员（人）	企业数（家）
0.31	**20.65**	**0.87**	**0.06**	**24.39**	**33 491**	**520**
-0.14	51.88	0.24	-0.08	17.49	5 163	327
0.60	14.96	0.99	0.09	25.64	28 328	193
0.59	14.54	1.00	0.09	24.53	22 919	178
0.66	16.73	0.91	0.11	30.38	5 409	15
0.00	0.00	0.00	0.00	0.00	0	0
0.00	0.00	0.00	0.00	0.00	0	0

企业主要经济指标

利润率（%）	全员劳动生产率（万元/人）	人均实现利税（万元/人）	人均实现利润（万元/人）	人均固定资产原值（万元/人）	从业人员（人）	企业数（家）
0.61	**12.96**	**0.51**	**0.08**	**21.73**	**36 096**	**483**
0.44	40.35	0.45	0.18	19.37	5 648	221
-0.66	9.19	0.48	-0.06	24.95	20 557	112
-6.39	8.11	-0.11	-0.52	18.92	17 639	102
17.21	15.73	4.06	2.71	61.43	2 918	10
6.09	5.15	0.58	0.31	16.36	9 891	75
0.00	0.00	0.00	0.00	0.00	0	75

4－15　广州市旅游

	固定资产原　　值（万元）	营业收入（万元）	利　润（万元）	税　金（万元）
合　　计	**2 411 025.38**	**2 040 735.15**	**59 819.87**	**104 524.59**
（一）旅行社	400 045.21	1 174 828.39	9 459.70	9 495.35
（二）星级饭店	1 423 613.33	547 957.24	17 469.55	80 725.14
内资饭店	1 019 236.21	455 995.67	11 744.92	68 136.12
外资饭店	404 377.12	91 961.57	5 724.63	12 589.02
（三）旅游景区	510 809.91	225 657.52	10 016.62	11 211.10
（四）其他旅游企业	76 556.93	92 292.00	22 874.00	3 093.00

4－16　深圳市旅游

	固定资产原　　值（万元）	营业收入（万元）	利　润（万元）	税　金（万元）
合　　计	**2 510 764.66**	**1 260 988.58**	**52 829.33**	**72 396.42**
（一）旅行社	169 345.41	688 185.59	7 247.81	14 745.22
（二）星级饭店	909 629.83	313 934.63	5 024.58	42 846.24
内资饭店	474 743.11	202 570.98	1 544.26	27 583.36
外资饭店	434 886.72	111 363.65	3 480.32	15 262.88
（三）旅游景区	1 431 789.42	258 868.36	40 556.94	14 804.96
（四）其他旅游企业	0.00	0.00	0.00	0.00

企业主要经济指标

利润率（%）	全员劳动生产率（万元/人）	人均实现利税（万元/人）	人均实现利润（万元/人）	人均固定资产原值（万元/人）	从业人员（人）	企业数（家）
2.93	**25.47**	**2.05**	**0.75**	**30.10**	**80 111**	**512**
0.81	121.27	1.96	0.98	41.29	9 688	194
3.19	11.14	2.00	0.36	28.93	49 207	207
2.58	10.98	1.92	0.28	24.54	41 529	187
6.23	11.98	2.39	0.75	52.67	7 678	20
4.44	16.21	1.52	0.72	36.70	13 920	99
24.78	12.65	3.56	3.14	10.49	7 296	12

企业主要经济指标

利润率（%）	全员劳动生产率（万元/人）	人均实现利税（万元/人）	人均实现利润（万元/人）	人均固定资产原值（万元/人）	从业人员（人）	企业数（家）
4.19	**22.56**	**2.24**	**0.94**	**44.91**	**55 907**	**370**
1.05	102.00	3.26	1.07	25.10	6 747	178
1.60	9.42	1.44	0.15	27.29	33 331	153
0.76	8.86	1.27	0.07	20.76	22 870	122
3.13	10.65	1.79	0.33	41.57	10 461	31
15.67	16.35	3.50	2.56	90.45	15 829	39
0.00	0.00	0.00	0.00	0.00	0	0

4－17 珠海市旅游

	固定资产原值（万元）	营业收入（万元）	利润（万元）	税金（万元）
合计	**80 073.03**	**100 759.64**	**－171.00**	**498.82**
（一）旅行社	80 073.03	100 759.64	－171.00	498.82
（二）星级饭店	0.00	0.00	0.00	0.00
内资饭店	0.00	0.00	0.00	0.00
外资饭店	0.00	0.00	0.00	0.00
（三）旅游景区	0.00	0.00	0.00	0.00
（四）其他旅游企业	0.00	0.00	0.00	0.00

4－18 中山市旅游

	固定资产原值（万元）	营业收入（万元）	利润（万元）	税金（万元）
合计	**206 090.23**	**139 812.97**	**－5 537.23**	**9 577.51**
（一）旅行社	22 448.61	83 695.47	603.00	610.51
（二）星级饭店	158 986.93	52 258.26	－5 553.12	8 769.89
内资饭店	158 986.93	52 258.26	－5 553.12	8 769.89
外资饭店	0.00	0.00	0.00	0.00
（三）旅游景区	24 654.69	3 859.24	－587.11	197.11
（四）其他旅游企业	0.00	0.00	0.00	0.00

企业主要经济指标

利润率（%）	全员劳动生产率（万元/人）	人均实现利税（万元/人）	人均实现利润（万元/人）	人均固定资产原值（万元/人）	从业人员（人）	企业数（家）
-0.17	**16.34**	**0.05**	**-0.03**	**12.98**	**6 168**	**174**
-0.17	56.04	0.18	-0.10	44.53	1 798	85
0.00	0.00	0.00	0.00	0.00	4 370	89
0.00	0.00	0.00	0.00	0.00	3 930	81
0.00	0.00	0.00	0.00	0.00	440	8
0.00	0.00	0.00	0.00	0.00	0	0
0.00	0.00	0.00	0.00	0.00	0	0

企业主要经济指标

利润率（%）	全员劳动生产率（万元/人）	人均实现利税（万元/人）	人均实现利润（万元/人）	人均固定资产原值（万元/人）	从业人员（人）	企业数（家）
-3.96	**12.84**	**0.37**	**-0.51**	**18.93**	**10 887**	**67**
0.72	61.41	0.89	0.44	16.47	1 363	22
-10.63	6.11	0.38	-0.65	18.59	8 553	31
-10.63	6.11	0.38	-0.65	18.59	8 553	31
0.00	0.00	0.00	0.00	0.00	0	0
-15.21	3.97	-0.40	-0.60	25.39	971	14
0.00	0.00	0.00	0.00	0.00	0	0

4－19　桂林市旅游

	固定资产原值（万元）	营业收入（万元）	利润（万元）	税金（万元）
合计	**543 317.15**	**381 779.74**	**10 443.77**	**11 542.49**
（一）旅行社	50 909.90	164 891.46	－876.74	735.95
（二）星级饭店	278 289.95	82 243.31	－6 908.06	5 459.19
内资饭店	172 201.73	55 489.34	－3 936.61	4 167.99
外资饭店	106 088.22	26 753.97	－2 971.45	1 291.20
（三）旅游景区	147 115.51	112 849.66	17 121.82	4 210.16
（四）其他旅游企业	67 001.79	21 795.31	1 106.75	1 137.19

4－20　海口市旅游

	固定资产原值（万元）	营业收入（万元）	利润（万元）	税金（万元）
合计	**705 916.79**	**314 455.55**	**－2 498.28**	**5 459.45**
（一）旅行社	65 949.64	228 217.28	－64.35	991.34
（二）星级饭店	541 619.37	86 000.01	－2 322.26	4 463.44
内资饭店	428 436.87	70 093.15	－366.86	3 694.71
外资饭店	113 182.50	15 906.86	－1 955.40	768.73
（三）旅游景区	98 112.78	238.26	－111.67	4.67
（四）其他旅游企业	235.00	0.00	0.00	0.00

企业主要经济指标

利润率（%）	全员劳动生产率（万元/人）	人均实现利税（万元/人）	人均实现利润（万元/人）	人均固定资产原值（万元/人）	从业人员（人）	企业数（家）
2.74	**17.52**	**1.01**	**0.48**	**24.93**	**21 797**	**250**
-0.53	52.65	-0.04	-0.28	16.25	3 132	99
-8.40	8.24	-0.15	-0.69	27.88	9 982	77
-7.09	8.04	0.03	-0.57	24.95	6 901	66
-11.11	8.68	-0.55	-0.96	34.43	3 081	11
15.17	16.14	3.05	2.45	21.04	6 991	54
5.08	12.88	1.33	0.65	39.60	1 692	20

企业主要经济指标

利润率（%）	全员劳动生产率（万元/人）	人均实现利税（万元/人）	人均实现利润（万元/人）	人均固定资产原值（万元/人）	从业人员（人）	企业数（家）
-0.79	**19.86**	**0.19**	**-0.16**	**44.57**	**15 837**	**246**
-0.03	44.19	0.18	-0.01	12.77	5 164	153
-2.70	8.80	0.22	-0.24	55.40	9 776	72
-0.52	8.56	0.41	-0.04	52.33	8 187	66
-12.29	10.01	-0.75	-1.23	71.23	1 589	6
-46.87	0.27	-0.12	-0.13	112.64	871	8
0.00	0.00	0.00	0.00	9.04	26	13

4－21 成都市旅游

	固定资产原值（万元）	营业收入（万元）	利润（万元）	税金（万元）
合计	**844 376.75**	**813 541.48**	**13 069.06**	**31 661.78**
（一）旅行社	102 502.36	316 532.40	－54.14	1 039.92
（二）星级饭店	649 162.79	255 234.43	9 844.34	17 787.73
内资饭店	571 790.79	230 411.13	3 886.34	16 055.23
外资饭店	77 372.00	24 823.30	5 958.00	1 732.50
（三）旅游景区	32 271.79	232 476.25	498.86	12 466.13
（四）其他旅游企业	60 439.81	9 298.40	2 780.00	368.00

4－22 昆明市旅游

	固定资产原值（万元）	营业收入（万元）	利润（万元）	税金（万元）
合计	**589 695.98**	**595 357.88**	**－8 853.64**	**13 241.89**
（一）旅行社	110 761.11	438 469.36	－494.45	1 737.77
（二）星级饭店	478 934.87	156 888.52	－8 359.19	11 504.12
内资饭店	325 101.14	116 775.06	－7 781.69	8 500.85
外资饭店	153 833.73	40 113.46	－577.50	3 003.27
（三）旅游景区	0.00	0.00	0.00	0.00
（四）其他旅游企业	0.00	0.00	0.00	0.00

企业主要经济指标

利润率（%）	全员劳动生产率（万元/人）	人均实现利税（万元/人）	人均实现利润（万元/人）	人均固定资产原值（万元/人）	从业人员（人）	企业数（家）
1.61	**24.80**	**1.36**	**0.40**	**25.74**	**32 800**	**602**
-0.02	58.30	0.18	-0.01	18.88	5 429	214
3.86	11.30	1.22	0.44	28.75	22 581	152
1.69	10.98	0.95	0.19	27.25	20 983	146
24.00	15.53	4.81	3.73	48.42	1 598	6
0.21	55.05	3.07	0.12	7.64	4 223	118
29.90	16.40	5.55	4.90	106.60	567	118

企业主要经济指标

利润率（%）	全员劳动生产率（万元/人）	人均实现利税（万元/人）	人均实现利润（万元/人）	人均固定资产原值（万元/人）	从业人员（人）	企业数（家）
-1.49	**34.70**	**0.26**	**-0.52**	**34.37**	**17 157**	**380**
-0.11	96.47	0.27	-0.11	24.37	4 545	192
-5.33	12.44	0.25	-0.66	37.97	12 612	108
-6.66	11.63	0.07	-0.78	32.38	10 039	96
-1.44	15.59	0.94	-0.22	59.79	2 573	12
0.00	0.00	0.00	0.00	0.00	0	40
0.00	0.00	0.00	0.00	0.00	0	40

4－23　西安市旅游

	固定资产原　　值（万元）	营业收入（万元）	利　润（万元）	税　金（万元）
合　　计	**491 422.11**	**407 319.16**	**－6 034.55**	**7 958.99**
（一）旅行社	53 562.46	213 317.46	－1 788.77	552.12
（二）星级饭店	386 717.69	135 219.90	－7 827.58	4 152.79
内资饭店	386 717.69	135 219.90	－7 827.58	4 152.79
外资饭店	0.00	0.00	0.00	0.00
（三）旅游景区	51 141.96	58 781.80	3 581.80	3 254.08
（四）其他旅游企业	0.00	0.00	0.00	0.00

企业主要经济指标

利润率 （%）	全员劳动 生产率 （万元/人）	人均实现 利　　税 （万元/人）	人均实现 利　　润 （万元/人）	人均固定 资产原值 （万元/人）	从业人员 （人）	企业数 （家）
-1.48	**21.78**	**0.10**	**-0.32**	**26.28**	**18 701**	**594**
-0.84	46.43	-0.27	-0.39	11.66	4 594	274
-5.79	10.37	-0.28	-0.60	29.67	13 034	112
-5.79	10.37	-0.28	-0.60	29.67	13 034	112
0.00	0.00	0.00	0.00	0.00	0	0
6.09	54.78	6.37	3.34	47.66	1 073	104
0.00	0.00	0.00	0.00	0.00	0	104

下　　篇

全国星级饭店综合资料

2009年中国星级饭店统计公报

国家旅游局

（2010年9月）

2009年，全国共有星级饭店14237家，比上年末增加138家，增长1.0%；拥有客房167.35万间，比上年末增加8.21万间，增长5.2%；拥有床位306.47万张，比上年末增加12.99万张，增长4.4%。

2009年，全国星级饭店营业收入总额为1818.18亿元，比上年增加56.17亿元，增长3.2%；上缴营业税122.16亿元，比上年增加3.82亿元，增长3.2%。

一、全国星级饭店的构成情况

（一）按注册登记类型划分

按注册登记类型划分，在全国14237家星级饭店中，国有饭店为5318家，占全国星级饭店总数的37.4%；集体饭店为850家，占6.0%；港澳台投资饭店为345家，占2.4%；外商投资饭店为229家，占1.6%。以上四种注册登记类型的饭店，共占全部饭店的47.4%。此外，联营、股份制、私营等其他注册登记类型的饭店共有7495家，占全部星级饭店总数的52.6%。

从客房间数来看，在全国星级饭店拥有的167.35万间客房中，国有饭店共有63.57万间客房，占全国星级饭店客房总数的38.0%；集体饭店共有8.09万间客房，占4.8%；港澳台投资饭店共有7.87万间客房，占4.7%；外商投资饭店共有5.10万间，占3.0%。以上四种注册登记类型的饭店客房占全部饭店客房的50.5%。其他注册登记类型的饭店客房共有82.71万间，占全部饭店客房数的49.5%。

（二）按规模划分

按饭店规模大小划分的情况是：（1）客房数在500间以上的饭店145家，共有10.55万间客房，占全国星级饭店客房总数的6.3%；（2）客房数在300～499间的饭店612家，共有22.48万间客房，占全国星级饭店客房总数的13.4%；（3）客房数在200～299间的饭店1216家，共有29.17万间客房，占全国星级饭店客房总数的17.4%；（4）客房数在100～199间的饭店4348家，共有59.56万间客房，占全国星级饭店客房总数的35.6%；（5）客房数在100间以下的饭店7916家，共有45.58万间客房，占全国星级饭店客房总数的27.2%。

(三)按星级划分

截至2009年底,全国共有:(1)五星级饭店506家,共有18.11万间客房,占全国星级饭店客房总数的10.8%;(2)四星级饭店1984家,共有39.70万间客房,占全国星级饭店客房总数的23.7%;(3)三星级饭店5917家,共有68.93万间客房,占全国星级饭店客房总数的41.2%;(4)二星级饭店5375家,共有38.40万间客房,占全国星级饭店客房总数的22.9%;(5)一星级饭店455家,共有2.21万间客房,占全国星级饭店客房总数的1.3%。

二、分地区的星级饭店情况

全国14237家星级饭店分布于31个省(区、市)的具体情况如下:

(一)按拥有星级饭店的家数排列,居全国前10位的省(区、市)是:(1)浙江1088家;(2)广东1047家;(3)江苏916家;(4)山东907家;(5)云南826家;(6)北京750家;(7)湖北605家;(8)湖南561家;(9)四川534家;(10)辽宁530家。

(二)按拥有星级饭店的客房间数排列,居全国前10位的省(区、市)是:(1)广东13.83万间;(2)北京13.63万间;(3)浙江13.59万间;(4)山东11.33万间;(5)江苏10.82万间;(6)云南6.96万间;(7)河南6.56万间;(8)湖南6.28万间;(9)上海6.13万间;(10)河北6.12万间。

三、全国星级饭店的客房出租率情况

2009年,全国星级饭店平均客房出租率为57.88%,比上年下降0.42个百分点。其中:五星级饭店的客房出租率为51.06%;四星级饭店的客房出租率为59.68%;三星级饭店的客房出租率为59.40%;二星级饭店的客房出租率为58.23%;一星级饭店的客房出租率为51.23%。

(一)按注册登记类型划分

2009年,在全国14237家星级饭店中,国有饭店平均客房出租率59.13%,比上年上升0.90个百分点;集体饭店57.01%,比上年上升0.38个百分点;股份合作饭店61.18%,比上年上升0.36个百分点;联营饭店55.25%,比上年下降2.62个百分点;有限责任饭店58.40%,比上年下降0.60个百分点;股份有限饭店60.46%,比上年上升0.54个百分点;私营饭店59.26%,比上年上升1.37百分点;其他内资饭店56.67%,比上年下降2.82个百分点;港澳台投资饭店47.40%,比上年下降10.25个百分点;外商投资饭店58.61%,比上年上升0.77个百分点。

(二)按规模划分

按饭店规模大小划分的情况是:(1)客房数在500间以上的饭店平均客房出租率为47.42%,比上年下降10.24个百分点;(2)客房数在300~499间的饭店平均客房出租率为56.60%，比上年下降0.19个百分点；(3)客房数在200~299间的饭店平均客房出租率为59.53%，比上年下降0.24个百分点；(4)客房数在100~199间的饭店平均客房出租率为59.70%，比上年上升0.18个百分点；(5)客房数在100间以下的饭店平均客房出租率为58.85%，比上年上升2.05个百分点。

(三)按地区划分

2009年，按客房出租率高低排列，居全国前10位的省(区、市)如下：(1)湖南77.68%；(2)陕西69.56%；(3)福建67.68%；(4)江西67.44%；(5)河南63.12%；(6)山西62.40%；(7)辽宁61.68%；(8)新疆61.09%；(9)安徽60.84%；(10)海南60.59%。

四、全国星级饭店的营业收入情况

2009年，全国星级饭店共实现营业收入为1818.18亿元，比上年增加56.17亿元，增长3.2%。

(一)按注册登记类型划分

2009年，国有饭店营业收入649.35亿元，占营业收入总额的35.7%；集体饭店营业收入72.55亿元，占营业收入总额的4.0%；股份合作饭店营业收入38.51亿元，占营业收入总额的2.1%；联营饭店营业收入10.47亿元，占营业收入总额的0.6%；有限责任饭店营业收入461.02亿元，占营业收入总额的25.4%；股份有限饭店营业收入113.15亿元，占营业收入总额的6.2%；私营饭店营业收入207.67亿元，占营业收入总额的11.4%；其他内资饭店营业收入28.63亿元，占营业收入总额的1.6%；港澳台投资饭店营业收入131.73亿元，占营业收入总额的7.2%；外商投资营业收入105.10亿元，占营业收入总额的5.8%。

(二)按规模划分

2009年，客房数在500间以上的星级饭店年营业收入179.67亿元，占营业收入总额的9.9%；客房数在300~499间的饭店年营业收入360.84亿元，占营业收入总额的19.8%；客房数在200~299间的饭店年营业收入371.91亿元，占营业收入总额的20.5%；客房数在100~199间的饭店年营业收入551.94亿元，占营业收入总额的30.4%；客房数在100间以下的饭店年营业收入353.83亿元，占营业收入总额的19.5%。

(三)按地区划分

2009年，按营业收入多少排列，居全国前10位的省(区、市)如下：(1)北京208.38亿元；(2)浙江189.49亿元；(3)山东162.94亿元；(4)江苏144.20亿元；(5)广东省143.79亿元；(6)上海131.52亿元；(7)辽宁67.10亿元；(8)四川58.30亿元；(9)福建50.62亿元；(10)湖北50.50亿元。

五、全国星级饭店上缴的营业税金

2009年，全国星级饭店共上缴营业税金122.16亿元，比上年增加3.82亿元，增长3.2%。

（一）按注册登记类型划分：国有饭店上缴营业税金40.05亿元，占上缴总额的32.8%；集体企业饭店上缴营业税金4.57亿元，占上缴总额的3.7%；股份合作饭店上缴营业税金2.36亿元，占上缴总额的1.9%；联营饭店上缴营业税金1.01亿元，占上缴总额的0.8%；有限责任饭店上缴营业税金34.66亿元，占上缴总额的28.4%；股份有限饭店上缴营业税金8.33亿元，占上缴总额的6.8%；私营饭店上缴营业税金13.93亿元，占上缴总额的11.4%；其他内资饭店上缴营业税金1.74亿元，占上缴总额的1.4%；港澳台投资饭店上缴营业税金9.01亿元，占上缴总额的7.4%；外商投资饭店上缴营业税金6.49亿元，占上缴总额的5.3%。

（二）按规模划分：客房数在500间以上的饭店上缴营业税金14.97亿元，占上缴总额的12.3%；客房数在300~499间的饭店上缴营业税金23.46亿元，占上缴总额的19.2%；客房数在200~299间的饭店上缴营业税金24.33亿元，占上缴总额的19.9%；客房数在100~199间的饭店上缴营业税金36.65亿元，占上缴总额的30.0%；客房数在100间以下的饭店上缴营业税金22.74亿元，占上缴总额的18.6%。

（三）按地区划分：上缴营业税金居全国前10位的省（区、市）是：(1)广东24.23亿元；(2)北京11.48亿元；(3)浙江10.19亿元；(4)山东8.43亿元；(5)江苏7.89亿元；(6)上海6.97亿元；(7)辽宁5.79亿元；(8)四川4.38亿元；(9)河北4.28亿元；(10)福建3.89亿元。

六、全国星级饭店的全员劳动生产率

2009年，全国星级饭店的全员劳动生产率为10.87万元/人，比上年增加0.31万元/人。

全员劳动生产率居全国前10位的省（区、市）是：(1)上海17.81万元/人；(2)北京15.61万元/人；(3)青海15.49万元/人；(4)河南14.41万元/人；(5)天津13.28万元/人；(6)江苏13.12万元/人；(7)浙江13.09万元/人；(8)山东13.09万元/人；(9)海南13.06万元/人；(10)吉林12.08万元/人。

七、全国星级饭店的员工人数

截至2009年底，全国星级饭店拥有员工167.26万人。星级饭店员工人数居全国前10位的省（区、市）是：(1)广东17.80万人；(2)浙江14.48万人；(3)北京13.35万人；(4)山东12.45万人；(5)江苏10.99万人；(6)河北8.61万人；(7)上海7.38万人；(8)辽宁6.58万人；(9)四川5.74万人；(10)湖南5.68万人。

五、全国星级饭店综合资料

(一)全国星级饭店综合资料

5-1-1 全国星级饭店综合情况

饭店注册登记类型、规模、星级		饭店数（家）	房间数（间）	床位数（张）	客房出租率（%）	营业收入（万元）	营业税金（万元）	固定资产原值（万元）
饭店注册登记类型	**合　计**	**14 237**	**1 673 475**	**3 064 684**	**57.88**	**18 181 805.40**	**1 221 553.62**	**44 429 775.35**
	国有企业	5 318	635 729	1 209 420	59.13	6 493 498.50	400 505.99	16 902 006.45
	集体企业	850	80 943	157 167	57.01	725 476.08	45 707.24	1 663 475.33
	股份合作企业	357	39 461	72 717	61.18	385 140.36	23 599.19	849 071.44
	联营企业	66	10 571	18 265	55.25	104 740.61	10 075.26	297 677.14
	有限责任公司	3 135	403 600	695 984	58.40	4 610 167.79	346 606.44	9 934 063.72
	股份有限公司	725	98 063	191 284	60.46	1 131 456.40	83 298.02	2 749 953.37
	私营企业	2 922	245 096	452 703	59.26	2 076 668.93	139 319.57	3 457 315.05
	其他企业	290	30 338	59 726	56.67	286 328.09	17 416.35	836 927.14
	港澳台投资企业	345	78 718	126 840	47.40	1 317 286.53	90 085.11	4 531 938.95
	外商投资企业	229	50 956	80 578	58.61	1 051 042.11	64 940.45	3 207 346.76
饭店规模	**合　计**	**14 237**	**1 673 475**	**3 064 684**	**57.88**	**18 181 805.40**	**1 221 553.62**	**44 429 775.35**
	客房数500间以上	145	105 548	168 855	47.42	1 796 684.55	149 675.49	5 013 136.79
	客房数300~499间	612	224 799	378 471	56.60	3 608 387.91	234 627.36	10 957 143.67
	客房数200~299间	1 216	291 675	515 274	59.53	3 719 079.62	243 320.17	10 706 242.96
	客房数100~199间	4 348	595 636	1 106 437	59.70	5 519 353.61	366 532.87	11 528 587.54
	客房数99间以下	7 916	455 817	895 647	58.85	3 538 299.71	227 397.73	6 224 664.39
饭店星级	**合　计**	**14 237**	**1 673 475**	**3 064 684**	**57.88**	**18 181 805.40**	**1 221 553.62**	**44 429 775.35**
	五星级	506	181 072	301 205	51.06	4 317 439.77	312 693.12	13 921 411.45
	四星级	1 984	397 049	686 743	59.68	5 826 744.41	382 380.04	14 224 715.10
	三星级	5 917	689 262	1 275 714	59.40	5 857 286.49	392 355.24	12 348 970.95
	二星级	5 375	384 038	755 144	58.23	2 101 371.68	127 814.80	3 788 195.61
	一星级	455	22 054	45 878	51.23	78 963.05	6 310.42	146 482.24

5-1-2 全国星级饭店的地区分布

地　区	饭店数（家）	房间数（间）	床位数（张）	客房出租率（%）	营业收入（万元）	营业税金（万元）	固定资产原值（万元）
合　计	**14 237**	**1 673 475**	**3 064 684**	**57.88**	**18 181 805.40**	**1 221 553.62**	**44 429 775.35**
北　京	750	136 294	234 593	49.50	2 083 800.49	114 754.30	6 436 779.00
天　津	111	17 682	29 507	46.37	248 142.02	20 089.63	380 346.94
河　北	474	61 200	115 587	56.34	487 558.79	42 785.29	1 286 261.15
山　西	352	34 287	65 177	62.40	355 521.81	29 496.34	625 825.22
内蒙古	262	23 067	44 746	55.11	224 455.40	9 580.50	536 638.27
辽　宁	530	59 798	107 895	61.68	670 951.96	57 893.25	2 130 541.88
吉　林	226	19 802	39 559	57.48	248 988.44	12 095.04	611 076.31
黑龙江	295	27 255	53 811	58.73	151 040.89	7 229.43	726 930.17
上　海	298	61 259	96 937	50.24	1 315 245.05	69 707.97	3 432 414.16
江　苏	916	108 152	184 883	55.75	1 442 022.44	78 920.12	2 760 497.20
浙　江	1 088	135 902	244 176	59.67	1 894 870.34	101 904.77	3 362 429.98
安　徽	451	47 387	89 915	60.84	384 190.13	22 787.54	786 030.72
福　建	422	51 511	90 463	67.68	506 197.20	38 864.73	1 318 664.86
江　西	380	39 770	72 219	67.44	263 479.66	17 123.35	680 985.21
山　东	907	113 342	210 306	56.40	1 629 444.36	84 309.94	2 977 558.76
河　南	522	65 610	148 893	63.12	500 321.54	29 056.94	945 495.72
湖　北	605	55 580	102 943	58.96	504 972.21	25 543.98	1 196 946.46
湖　南	561	62 827	111 914	77.68	494 118.22	23 243.67	1 037 835.80
广　东	1 047	138 290	232 051	55.18	1 437 909.72	242 315.46	4 023 000.91
广　西	437	53 792	101 512	60.15	387 513.45	21 201.50	949 831.08
海　南	238	37 504	73 088	60.59	383 017.86	19 028.17	1 531 489.50
重　庆	273	31 300	54 497	59.34	349 967.37	14 218.85	728 438.63
四　川	534	46 563	87 740	59.49	583 027.05	43 827.35	1 519 395.11
贵　州	320	26 885	48 259	58.35	195 116.56	7 684.41	336 921.33
云　南	826	69 550	137 826	56.39	452 362.21	26 987.34	1 101 587.66
西　藏	149	12 649	24 989	25.10	45 738.00	2 703.00	313 847.00
陕　西	338	42 404	81 293	69.56	318 253.59	16 040.86	906 913.54
甘　肃	312	30 296	59 086	51.81	145 551.82	9 730.85	513 676.99
青　海	123	11 008	20 805	44.85	73 115.89	4 863.75	127 616.48
宁　夏	57	6 166	10 815	59.99	83 006.73	5 014.58	208 432.38
新　疆	433	46 343	89 199	61.09	321 904.20	22 550.71	935 366.93

5－1－3　全国星级饭店的注册登记类型

单位：家

地　区	总　计	国有企业	集体企业	股份合作企业	联营企业	有限责任公司	股份有限公司	私营企业	其他内资企业	港澳台投资企业	外商投资企业
合　计	**14 237**	**5 318**	**850**	**357**	**66**	**3 135**	**725**	**2 922**	**290**	**345**	**229**
北　京	750	242	46	22	3	241	15	125	0	36	20
天　津	111	38	7	0	0	33	4	13	3	7	6
河　北	474	269	36	9	3	40	35	73	3	5	1
山　西	352	180	19	5	1	54	27	47	15	2	2
内蒙古	262	128	10	4	0	49	8	61	0	1	1
辽　宁	530	204	71	8	2	93	26	74	9	19	24
吉　林	226	135	5	6	0	37	12	21	2	2	6
黑龙江	295	141	11	4	0	56	10	30	38	3	2
上　海	298	144	14	2	2	59	18	28	4	16	11
江　苏	916	188	45	18	2	366	62	194	9	9	23
浙　江	1 088	255	60	42	4	332	73	245	57	20	0
安　徽	451	204	26	11	0	82	24	90	1	10	3
福　建	422	173	24	8	6	68	10	95	3	19	16
江　西	380	149	4	24	2	52	16	108	5	12	8
山　东	907	337	64	23	6	242	51	129	20	17	18
河　南	522	326	45	11	1	69	25	37	1	6	1
湖　北	605	248	34	18	1	125	25	133	3	12	6
湖　南	561	268	26	28	3	44	25	143	9	13	2
广　东	1 047	228	80	16	17	312	49	206	21	82	36
广　西	437	130	19	8	2	123	16	104	11	15	9
海　南	238	53	10	9	4	89	20	33	3	8	9
重　庆	273	98	21	6	0	30	16	92	1	2	7
四　川	534	140	25	22	2	171	45	117	6	6	0
贵　州	320	124	8	6	0	38	20	114	5	5	0
云　南	826	227	53	14	2	112	43	340	14	8	13
西　藏	149	48	27	5	2	0	4	28	32	1	2
陕　西	338	197	21	12	0	51	16	37	2	1	1
甘　肃	312	183	14	2	0	42	9	58	2	2	0
青　海	123	37	9	4	0	25	4	41	2	1	0
宁　夏	57	26	2	3	0	13	2	11	0	0	0
新　疆	433	198	14	7	1	87	15	95	9	5	2

5-1-4 全国星级饭店的客房规模

单位：家

地区	总计	客房数500间以上	客房数300~499间	客房数200~299间	客房数100~199间	客房数99间以下
合计	**14 237**	**145**	**612**	**1 216**	**4 348**	**7 916**
北京	750	37	82	103	227	301
天津	111	2	7	22	45	35
河北	474	1	21	57	186	209
山西	352	0	6	17	118	211
内蒙古	262	2	5	11	51	193
辽宁	530	4	20	38	190	278
吉林	226	0	4	13	41	168
黑龙江	295	0	5	19	80	191
上海	298	20	48	44	100	86
江苏	916	5	45	84	277	505
浙江	1 088	5	47	126	388	522
安徽	451	3	4	28	140	276
福建	422	1	28	31	149	213
江西	380	0	7	28	124	221
山东	907	7	33	119	337	411
河南	522	4	17	40	191	270
湖北	605	1	15	24	151	414
湖南	561	5	18	47	155	336
广东	1 047	22	75	108	300	542
广西	437	2	16	43	161	215
海南	238	6	25	30	86	91
重庆	273	2	12	18	84	157
四川	534	2	15	31	129	357
贵州	320	1	3	16	67	233
云南	826	6	10	32	165	613
西藏	149	0	4	1	30	114
陕西	338	4	17	30	120	167
甘肃	312	0	6	18	79	209
青海	123	0	3	3	34	83
宁夏	57	0	1	3	21	32
新疆	433	3	13	32	122	263

5-1-5 全国星级饭店的星级构成

单位：家

地　区	星级饭店总　　数	五星级	四星级	三星级	二星级	一星级
合　计	**14 237**	**506**	**1 984**	**5 917**	**5 375**	**455**
北　京	750	54	127	266	277	26
天　津	111	10	31	45	18	7
河　北	474	10	90	222	144	8
山　西	352	9	54	125	163	1
内蒙古	262	7	14	76	144	21
辽　宁	530	16	72	259	159	24
吉　林	226	7	36	85	93	5
黑龙江	295	5	39	113	125	13
上　海	298	38	58	122	76	4
江　苏	916	54	180	422	258	2
浙　江	1 088	38	150	391	461	48
安　徽	451	5	61	156	212	17
福　建	422	19	76	195	126	6
江　西	380	6	53	185	135	1
山　东	907	20	139	436	308	4
河　南	522	10	68	234	203	7
湖　北	605	13	59	233	281	19
湖　南	561	17	50	220	255	19
广　东	1 047	66	167	519	277	18
广　西	437	14	47	215	154	7
海　南	238	20	54	112	42	10
重　庆	273	11	53	124	84	1
四　川	534	16	66	199	234	19
贵　州	320	2	28	119	152	19
云　南	826	15	59	198	466	88
西　藏	149	0	10	62	64	13
陕　西	338	6	33	183	111	5
甘　肃	312	4	36	110	148	14
青　海	123	2	17	43	51	10
宁　夏	57	0	8	38	11	0
新　疆	433	12	49	210	143	19

5-1-6 全国星级饭店的营业收入总额

单位：万元

地　区	营业收入	#客房	#餐饮	#其他
合　计	**18 181 805.40**	**8 350 412.83**	**7 416 106.99**	**2 415 285.58**
北　京	2 083 800.49	873 827.62	775 123.95	434 848.92
天　津	248 142.02	100 893.50	86 666.59	60 581.93
河　北	487 558.79	236 991.45	201 321.62	49 245.72
山　西	355 521.81	154 067.71	158 744.87	42 709.23
内蒙古	224 455.40	96 284.14	113 791.38	14 379.88
辽　宁	670 951.96	295 574.67	299 073.55	76 303.74
吉　林	248 988.44	108 368.15	118 097.15	22 523.14
黑龙江	151 040.89	92 442.35	47 126.52	11 472.02
上　海	1 315 245.05	596 457.54	509 022.66	209 764.85
江　苏	1 442 022.44	511 278.59	751 653.60	179 090.25
浙　江	1 894 870.34	730 281.77	912 734.57	251 854.00
安　徽	384 190.13	151 874.72	179 528.75	52 786.66
福　建	506 197.20	264 583.84	181 183.96	60 429.40
江　西	263 479.66	140 354.29	108 931.02	14 194.35
山　东	1 629 444.36	695 917.05	768 513.66	165 013.65
河　南	500 321.54	201 670.52	236 626.79	62 024.23
湖　北	504 972.21	225 479.20	194 496.58	84 996.43
湖　南	494 118.22	278 210.16	160 482.61	55 425.45
广　东	1 437 909.72	910 432.90	302 312.18	225 164.64
广　西	387 513.45	177 200.08	167 733.62	42 579.75
海　南	383 017.86	245 282.84	109 637.92	28 097.10
重　庆	349 967.37	144 378.81	170 307.82	35 280.74
四　川	583 027.05	291 817.46	228 441.15	62 768.44
贵　州	195 116.56	105 159.91	69 355.08	20 601.57
云　南	452 362.21	251 712.44	152 960.82	47 688.95
西　藏	45 738.00	27 770.52	14 052.00	3 915.48
陕　西	318 253.59	138 267.20	153 596.75	26 389.64
甘　肃	145 551.82	70 246.19	59 237.51	16 068.12
青　海	73 115.89	37 828.76	29 684.21	5 602.92
宁　夏	83 006.73	32 409.62	43 118.44	7 478.67
新　疆	321 904.20	163 348.83	112 549.66	46 005.71

5－1－7　全国星级饭店的营业收入构成

地　区	营业收入（万元）	#客房（%）	#餐饮（%）	#其他（%）
合　计	**18 181 805.40**	**45.93**	**40.79**	**13.28**
北　京	2 083 800.49	41.93	37.20	20.87
天　津	248 142.02	40.66	34.93	24.41
河　北	487 558.79	48.61	41.29	10.10
山　西	355 521.81	43.34	44.65	12.01
内蒙古	224 455.40	42.90	50.70	6.41
辽　宁	670 951.96	44.05	44.57	11.37
吉　林	248 988.44	43.52	47.43	9.05
黑龙江	151 040.89	61.20	31.20	7.60
上　海	1 315 245.05	45.35	38.70	15.95
江　苏	1 442 022.44	35.46	52.12	12.42
浙　江	1 894 870.34	38.54	48.17	13.29
安　徽	384 190.13	39.53	46.73	13.74
福　建	506 197.20	52.27	35.79	11.94
江　西	263 479.66	53.27	41.34	5.39
山　东	1 629 444.36	42.71	47.16	10.13
河　南	500 321.54	40.31	47.29	12.40
湖　北	504 972.21	44.65	38.52	16.83
湖　南	494 118.22	56.30	32.48	11.22
广　东	1 437 909.72	63.32	21.02	15.66
广　西	387 513.45	45.73	43.28	10.99
海　南	383 017.86	64.04	28.62	7.34
重　庆	349 967.37	41.25	48.66	10.08
四　川	583 027.05	50.05	39.18	10.77
贵　州	195 116.56	53.90	35.55	10.56
云　南	452 362.21	55.64	33.81	10.54
西　藏	45 738.00	60.72	30.72	8.56
陕　西	318 253.59	43.45	48.26	8.29
甘　肃	145 551.82	48.26	40.70	11.04
青　海	73 115.89	51.74	40.60	7.66
宁　夏	83 006.73	39.04	51.95	9.01
新　疆	321 904.20	50.74	34.96	14.29

5-1-8 全国星级饭店的住宿人数和人天数

地区	住宿人数			住宿人天数		
	总人数（万人）	入境旅游者（万人）	入境占百分比（%）	总人数（万人天）	入境旅游者（万人天）	入境占百分比（%）
合计	**32 669.06**	**2 304.40**	**7.05**	**49 119.35**	**5 147.65**	**10.48**
北京	1 827.08	297.87	16.30	3 652.73	709.53	19.42
天津	256.71	35.96	14.01	480.81	109.96	22.87
河北	1 422.94	27.82	1.96	1 922.34	71.81	3.74
山西	1 010.36	23.46	2.32	1 310.18	42.81	3.27
内蒙古	488.08	10.95	2.24	768.70	21.69	2.82
辽宁	1 067.77	97.89	9.17	1 779.94	300.16	16.86
吉林	381.83	29.74	7.79	563.72	69.58	12.34
黑龙江	474.21	17.93	3.78	666.05	30.87	4.63
上海	723.10	241.08	33.34	1 370.02	559.19	40.82
江苏	1 919.29	124.96	6.51	2 695.31	276.43	10.26
浙江	2 671.85	122.15	4.57	3 864.57	276.96	7.17
安徽	1 182.95	84.36	7.13	1 892.63	132.06	6.98
福建	607.55	46.83	7.71	950.34	101.05	10.63
江西	1 074.90	93.66	8.71	1 517.70	189.23	12.47
山东	1 870.45	178.18	9.53	2 961.78	459.64	15.52
河南	1 302.46	40.09	3.08	1 723.41	103.77	6.02
湖北	1 235.13	37.27	3.02	1 589.64	67.09	4.22
湖南	1 736.44	90.24	5.20	2 276.04	197.23	8.67
广东	2 086.21	321.33	15.40	3 293.09	625.42	18.99
广西	1 273.02	61.86	4.86	1 742.36	95.55	5.48
海南	1 025.45	23.05	2.25	1 422.71	74.17	5.21
重庆	597.46	19.34	3.24	750.97	62.34	8.30
四川	1 485.34	43.05	2.90	1 929.23	74.64	3.87
贵州	508.43	4.39	0.86	845.81	7.06	0.83
云南	2 115.85	141.26	6.68	3 680.11	293.61	7.98
西藏	100.04	17.83	17.82	202.00	42.06	20.82
陕西	750.23	33.18	4.42	1 085.77	73.85	6.80
甘肃	416.69	5.97	1.43	552.66	8.30	1.50
青海	179.85	3.51	1.95	287.26	9.99	3.48
宁夏	174.23	0.96	0.55	244.03	1.73	0.71
新疆	703.16	28.25	4.02	1 097.41	59.86	5.45

5-1-9 全国星级饭店每间客房的收益

地区	饭店数（家）	饭店规模		客房出租率（%）	每间客房年收入（万元）	每间客房年接待人数（人）	每间客房年接待人天数（人天）
		客房数（间）	床位数（张）				
合计	**14 237**	**1 673 475**	**3 064 684**	**57.88**	**4.99**	**195.22**	**293.52**
北京	750	136 294	234 593	49.50	6.41	134.05	268.00
天津	111	17 682	29 507	46.37	5.71	145.18	271.92
河北	474	61 200	115 587	56.34	3.87	232.51	314.11
山西	352	34 287	65 177	62.40	4.49	294.68	382.12
内蒙古	262	23 067	44 746	55.11	4.17	211.59	333.25
辽宁	530	59 798	107 895	61.68	4.94	178.56	297.66
吉林	226	19 802	39 559	57.48	5.47	192.82	284.68
黑龙江	295	27 255	53 811	58.73	3.39	173.99	244.38
上海	298	61 259	96 937	50.24	9.74	118.04	223.64
江苏	916	108 152	184 883	55.75	4.73	177.46	249.22
浙江	1 088	135 902	244 176	59.67	5.37	196.60	284.36
安徽	451	47 387	89 915	60.84	3.20	249.64	399.40
福建	422	51 511	90 463	67.68	5.14	117.95	184.49
江西	380	39 770	72 219	67.44	3.53	270.28	381.62
山东	907	113 342	210 306	56.40	6.14	165.03	261.31
河南	522	65 610	148 893	63.12	3.07	198.52	262.67
湖北	605	55 580	102 943	58.96	4.06	222.23	286.01
湖南	561	62 827	111 914	77.68	4.43	276.38	362.27
广东	1 047	138 290	232 051	55.18	6.58	150.86	238.13
广西	437	53 792	101 512	60.15	3.29	236.66	323.91
海南	238	37 504	73 088	60.59	6.54	273.42	379.35
重庆	273	31 300	54 497	59.34	4.61	190.88	239.93
四川	534	46 563	87 740	59.49	6.27	319.00	414.33
贵州	320	26 885	48 259	58.35	3.91	189.11	314.60
云南	826	69 550	137 826	56.39	3.62	304.22	529.13
西藏	149	12 649	24 989	25.10	2.20	79.09	159.70
陕西	338	42 404	81 293	69.56	3.26	176.92	256.05
甘肃	312	30 296	59 086	51.81	2.32	137.54	182.42
青海	123	11 008	20 805	44.85	3.44	163.38	260.96
宁夏	57	6 166	10 815	59.99	5.26	282.57	395.77
新疆	433	46 343	89 199	61.09	3.52	151.73	236.80

5-1-10 全国星级饭店的人均效益

地　区	全员劳动生产率（万元/人）	人均实现利润（万元/人）	人均实现税金（万元/人）	人均占用固定资产原值（万元/人）	年末从业人员（人）
合　计	**10.87**	**-0.07**	**0.66**	**26.56**	**1 672 602**
北　京	15.61	-0.53	0.33	48.22	133 500
天　津	13.28	-0.88	0.19	20.35	18 688
河　北	5.66	-0.17	0.33	14.94	86 099
山　西	9.37	-0.09	0.68	16.50	37 935
内蒙古	9.69	-0.39	0.02	23.17	23 157
辽　宁	10.20	-0.39	0.49	32.38	65 798
吉　林	12.08	-0.16	0.42	29.64	20 618
黑龙江	6.31	-0.14	0.16	30.37	23 936
上　海	17.81	0.08	1.02	46.49	73 831
江　苏	13.12	-0.38	0.34	25.12	109 895
浙　江	13.09	0.22	0.93	23.23	144 755
安　徽	9.14	0.27	0.81	18.70	42 036
福　建	9.70	0.09	0.84	25.26	52 203
江　西	9.41	-0.06	0.55	24.31	28 008
山　东	13.09	0.05	0.73	23.92	124 500
河　南	14.41	0.65	1.48	27.24	34 714
湖　北	9.40	-0.12	0.35	22.29	53 704
湖　南	8.70	0.03	0.44	18.27	56 796
广　东	8.08	0.00	1.36	22.60	178 019
广　西	8.04	-0.36	0.08	19.72	48 176
海　南	13.06	1.43	2.08	52.22	29 328
重　庆	9.03	-0.04	0.32	18.80	38 756
四　川	10.16	0.23	0.99	26.48	57 383
贵　州	9.02	-0.20	0.16	15.57	21 642
云　南	11.06	-0.13	0.53	26.94	40 888
西　藏	4.59	0.11	0.38	31.49	9 968
陕　西	7.70	-0.27	0.12	21.93	41 358
甘　肃	5.87	0.12	0.51	20.72	24 789
青　海	15.49	0.10	1.13	27.03	4 721
宁　夏	8.11	-0.68	-0.19	20.36	10 235
新　疆	8.66	-0.40	0.20	25.17	37 166

（二）全国五星级饭店综合资料

5-2-1 全国五星级饭店综合情况

饭店注册登记类型、规模、星级		饭店数（家）	房间数（间）	床位数（张）	客房出租率（%）	营业收入（万元）	营业税金（万元）	固定资产原值（万元）
饭店注册登记类型	**合计**	**506**	**181 072**	**301 205**	**51.06**	**4 317 439.77**	**312 693.12**	**13 921 411.45**
	国有企业	131	46 055	74 876	54.88	1 198 228.16	75 665.96	4 608 376.47
	集体企业	10	2 683	4 643	51.20	50 467.85	3 316.70	162 281.21
	股份合作企业	10	3 008	5 219	50.16	48 185.26	3 240.88	235 254.43
	联营企业	2	970	1 195	43.43	6 001.66	1 186.05	26 431.52
	有限责任公司	140	45 670	70 012	55.29	952 726.76	92 403.59	2 527 281.12
	股份有限公司	37	16 406	37 442	61.84	311 994.34	27 142.91	1 119 505.38
	私营企业	46	14 120	30 148	59.96	327 360.24	20 586.56	533 630.04
	其他企业	3	1 000	1 276	52.16	13 328.10	593.00	124 251.80
	港澳台投资企业	62	27 004	40 764	41.51	729 724.42	47 391.88	2 503 515.88
	外商投资企业	65	24 156	35 630	56.85	679 422.98	41 165.59	2 080 883.60
饭店规模	**合计**	**506**	**181 072**	**301 205**	**51.06**	**4 317 439.77**	**312 693.12**	**13 921 411.45**
	客房数500间以上	82	54 755	92 824	45.19	1 369 332.75	122 673.01	3 934 046.06
	客房数300～499间	223	83 778	136 927	56.35	1 910 364.85	126 056.73	6 472 231.64
	客房数200～299间	136	34 216	57 225	56.95	829 492.50	54 072.28	3 083 444.20
	客房数100～199间	51	7 865	13 276	50.42	175 679.00	8 663.35	385 902.52
	客房数99间以下	14	458	953	61.26	32 570.67	1 227.75	45 787.03
饭店星级	**合计**	**506**	**181 072**	**301 205**	**51.06**	**4 317 439.77**	**312 693.12**	**13 921 411.45**
	五星级	506	181 072	301 205	51.06	4 317 439.77	312 693.12	13 921 411.45
	四星级	—	—	—	—	—	—	—
	三星级	—	—	—	—	—	—	—
	二星级	—	—	—	—	—	—	—
	一星级	—	—	—	—	—	—	—

5-2-2 全国五星级饭店的地区分布

地区	饭店数（家）	房间数（间）	床位数（张）	客房出租率（%）	营业收入（万元）	营业税金（万元）	固定资产原值（万元）
合计	**506**	**181 072**	**301 205**	**51.06**	**4 317 439.77**	**312 693.12**	**13 921 411.45**
北京	54	27 214	42 816	52.40	762 734.76	43 431.70	2 894 764.20
天津	10	2 864	4 086	43.51	65 515.17	5 510.02	81 287.60
河北	10	2 544	4 427	46.65	37 746.60	4 381.23	257 879.23
山西	9	2 294	3 831	59.01	37 910.97	2 375.32	74 495.99
内蒙古	7	2 814	4 492	61.03	45 517.99	1 958.78	119 231.33
辽宁	16	5 611	8 121	59.78	128 036.46	10 766.22	455 147.92
吉林	7	2 124	3 444	59.68	50 987.80	2 284.00	166 335.00
黑龙江	5	1 274	1 964	68.01	29 298.74	1 700.00	149 475.06
上海	38	16 414	23 169	53.49	668 557.92	36 476.87	1 637 826.34
江苏	54	15 820	23 603	53.02	377 794.81	20 159.69	939 047.17
浙江	38	11 554	26 599	55.68	328 426.37	17 296.06	898 095.46
安徽	5	1 515	2 455	68.02	48 752.52	1 374.00	53 152.00
福建	19	5 149	8 264	58.44	103 426.21	8 036.17	358 873.79
江西	6	1 720	2 553	66.43	24 470.16	1 511.57	120 235.95
山东	20	6 983	11 314	40.69	234 180.37	10 721.46	434 129.11
河南	10	2 563	4 508	48.99	47 747.30	2 281.67	549 073.38
湖北	13	4 317	6 489	55.09	77 928.50	5 742.62	315 740.06
湖南	17	6 312	10 372	71.41	101 364.40	6 002.35	373 681.08
广东	66	25 681	40 345	55.90	444 816.90	94 053.84	1 579 890.64
广西	14	4 850	8 371	52.88	89 433.93	4 422.15	330 089.54
海南	20	8 123	17 373	58.43	197 194.62	9 760.97	794 527.26
重庆	11	4 456	6 549	62.18	111 907.70	3 961.00	231 512.00
四川	16	4 789	7 688	52.84	126 149.07	8 491.73	398 941.50
贵州	2	818	959	47.34	11 386.10	377.00	31 828.50
云南	15	6 010	15 673	53.78	65 800.24	3 674.73	200 113.95
西藏	0	0	0	0.00	0.00	0.00	0.00
陕西	6	2 486	4 196	51.87	31 214.00	831.00	152 652.69
甘肃	4	655	1 140	49.62	11 194.70	688.16	50 380.71
青海	2	727	1 101	34.61	9 013.03	509.82	14 726.00
宁夏	0	0	0	0.00	0.00	0.00	0.00
新疆	12	3 391	5 303	44.48	48 932.43	3 912.99	258 277.99

5-2-3　全国五星级饭店的注册登记类型

单位：家

地　区	总　计	国有企业	集体企业	股份合作企业	联营企业	有限责任公司	股份有限公司	私营企业	其他内资企业	港澳台投资企业	外商投资企业
合　计	**506**	**131**	**10**	**10**	**2**	**140**	**37**	**46**	**3**	**62**	**65**
北　京	54	10	0	0	0	14	2	2	0	17	9
天　津	10	1	0	0	0	4	0	1	0	2	2
河　北	10	1	0	0	0	6	3	0	0	0	0
山　西	9	2	0	0	0	4	1	2	0	0	0
内蒙古	7	2	2	1	0	1	0	0	0	0	1
辽　宁	16	2	1	0	0	4	0	1	0	3	5
吉　林	7	2	0	1	0	1	0	1	0	1	1
黑龙江	5	1	0	0	0	0	0	2	1	0	1
上　海	38	15	0	0	0	6	1	3	0	5	8
江　苏	54	11	2	1	0	21	3	4	1	2	9
浙　江	38	14	0	0	0	11	3	8	0	2	0
安　徽	5	2	0	0	0	2	0	1	0	0	0
福　建	19	5	1	3	0	4	0	0	0	3	3
江　西	6	4	0	0	0	1	0	1	0	0	0
山　东	20	4	0	0	0	9	1	2	0	2	2
河　南	10	7	0	0	0	3	0	0	0	0	0
湖　北	13	4	0	1	0	4	0	0	0	1	3
湖　南	17	5	0	0	0	4	5	2	0	1	0
广　东	66	10	2	0	2	22	5	7	0	10	8
广　西	14	4	0	0	0	3	0	1	0	3	3
海　南	20	4	0	0	0	7	4	0	0	1	4
重　庆	11	2	0	0	0	1	0	2	0	2	4
四　川	16	7	0	1	0	2	3	1	0	2	0
贵　州	2	1	0	0	0	0	0	0	1	0	0
云　南	15	2	0	0	0	1	5	2	0	4	1
西　藏	0	0	0	0	0	0	0	0	0	0	0
陕　西	6	5	0	1	0	0	0	0	0	0	0
甘　肃	4	1	1	0	0	2	0	0	0	0	0
青　海	2	0	0	0	0	1	0	1	0	0	0
宁　夏	0	0	0	0	0	0	0	0	0	0	0
新　疆	12	3	1	1	0	2	1	2	0	1	1

5-2-4 全国五星级饭店的客房规模

单位：家

地　区	总　计	客房数 500间以上	客房数 300~499间	客房数 200~299间	客房数 100~199间	客房数 99间以下
合　计	**506**	**82**	**223**	**136**	**51**	**14**
北　京	54	18	25	10	1	0
天　津	10	1	3	4	2	0
河　北	10	1	3	2	3	1
山　西	9	0	3	4	2	0
内蒙古	7	1	3	3	0	0
辽　宁	16	3	9	1	3	0
吉　林	7	0	4	2	1	0
黑龙江	5	0	2	2	1	0
上　海	38	12	18	7	1	0
江　苏	54	3	21	20	7	3
浙　江	38	3	10	21	4	0
安　徽	5	1	1	1	2	0
福　建	19	0	10	3	5	1
江　西	6	0	2	4	0	0
山　东	20	4	11	2	2	1
河　南	10	1	3	3	2	1
湖　北	13	0	8	4	1	0
湖　南	17	3	5	8	1	0
广　东	66	16	30	16	2	2
广　西	14	1	8	4	1	0
海　南	20	4	13	2	1	0
重　庆	11	2	8	1	0	0
四　川	16	2	5	3	2	4
贵　州	2	1	1	0	0	0
云　南	15	4	5	3	3	0
西　藏	0	0	0	0	0	0
陕　西	6	1	4	1	0	0
甘　肃	4	0	0	1	2	1
青　海	2	0	2	0	0	0
宁　夏	0	0	0	0	0	0
新　疆	12	0	6	4	2	0

5-2-5 全国五星级饭店的营业收入总额

单位：万元

地　区	营业收入	#客房	#餐饮	#其他
合　计	**4 317 439.77**	**2 044 304.17**	**1 694 807.85**	**578 327.75**
北　京	762 734.76	320 555.24	323 194.23	118 985.29
天　津	65 515.17	30 259.87	24 684.42	10 570.88
河　北	37 746.60	19 012.98	13 607.81	5 125.81
山　西	37 910.97	16 738.05	14 378.83	6 794.09
内蒙古	45 517.99	17 665.60	25 189.25	2 663.14
辽　宁	128 036.46	59 074.53	51 615.54	17 346.39
吉　林	50 987.80	25 736.39	18 767.53	6 483.88
黑龙江	29 298.74	16 842.25	11 021.59	1 434.90
上　海	668 557.92	320 048.64	268 441.12	80 068.16
江　苏	377 794.81	154 524.81	184 811.96	38 458.04
浙　江	328 426.37	126 970.96	155 392.51	46 062.90
安　徽	48 752.52	22 256.20	22 078.46	4 417.86
福　建	103 426.21	55 852.04	35 792.36	11 781.81
江　西	24 470.16	11 072.38	9 878.20	3 519.58
山　东	234 180.37	108 471.29	97 573.39	28 135.69
河　南	47 747.30	21 642.33	20 811.05	5 293.92
湖　北	77 928.50	35 016.48	28 048.09	14 863.93
湖　南	101 364.40	47 831.92	32 618.71	20 913.77
广　东	444 816.90	272 423.79	94 020.26	78 372.85
广　西	89 433.93	38 676.52	38 696.31	12 061.10
海　南	197 194.62	122 105.39	58 825.08	16 264.15
重　庆	111 907.70	41 560.10	57 915.40	12 432.20
四　川	126 149.07	67 029.33	45 055.36	14 064.38
贵　州	11 386.10	6 080.20	4 785.40	520.50
云　南	65 800.24	40 570.48	20 241.13	4 988.63
西　藏	0.00	0.00	0.00	0.00
陕　西	31 214.00	17 307.00	12 155.00	1 752.00
甘　肃	11 194.70	5 727.07	3 849.00	1 618.63
青　海	9 013.03	5 070.27	3 174.91	767.85
宁　夏	0.00	0.00	0.00	0.00
新　疆	48 932.43	18 182.06	18 184.95	12 565.42

5-2-6 全国五星级饭店的营业收入构成

地　区	营业收入（万元）	#客房（%）	#餐饮（%）	#其他（%）
合　计	**4 317 439.77**	**47.35**	**39.25**	**13.40**
北　京	762 734.76	42.03	42.37	15.60
天　津	65 515.17	46.19	37.68	16.14
河　北	37 746.60	50.37	36.05	13.58
山　西	37 910.97	44.15	37.93	17.92
内蒙古	45 517.99	38.81	55.34	5.85
辽　宁	128 036.46	46.14	40.31	13.55
吉　林	50 987.80	50.48	36.81	12.72
黑龙江	29 298.74	57.48	37.62	4.90
上　海	668 557.92	47.87	40.15	11.98
江　苏	377 794.81	40.90	48.92	10.18
浙　江	328 426.37	38.66	47.31	14.03
安　徽	48 752.52	45.65	45.29	9.06
福　建	103 426.21	54.00	34.61	11.39
江　西	24 470.16	45.25	40.37	14.38
山　东	234 180.37	46.32	41.67	12.01
河　南	47 747.30	45.33	43.59	11.09
湖　北	77 928.50	44.93	35.99	19.07
湖　南	101 364.40	47.19	32.18	20.63
广　东	444 816.90	61.24	21.14	17.62
广　西	89 433.93	43.25	43.27	13.49
海　南	197 194.62	61.92	29.83	8.25
重　庆	111 907.70	37.14	51.75	11.11
四　川	126 149.07	53.14	35.72	11.15
贵　州	11 386.10	53.40	42.03	4.57
云　南	65 800.24	61.66	30.76	7.58
西　藏	0.00	0.00	0.00	0.00
陕　西	31 214.00	55.45	38.94	5.61
甘　肃	11 194.70	51.16	34.38	14.46
青　海	9 013.03	56.25	35.23	8.52
宁　夏	0.00	0.00	0.00	0.00
新　疆	48 932.43	37.16	37.16	25.68

5-2-7 全国五星级饭店的住宿人数和人天数

地　区	住宿人数			住宿人天数		
	总人数（万人）	入境旅游者（万人）	入境占百分比（%）	总人数（万人天）	入境旅游者（万人天）	入境占百分比（%）
合　计	**2 833.84**	**684.18**	**24.14**	**4 967.13**	**1 527.88**	**30.76**
北　京	450.98	139.99	31.04	958.43	307.59	32.09
天　津	36.80	19.37	52.64	121.17	64.42	53.16
河　北	33.53	4.41	13.15	50.76	8.63	17.00
山　西	63.84	4.12	6.45	82.89	7.74	9.34
内蒙古	28.01	0.57	2.03	44.71	1.70	3.80
辽　宁	73.91	18.04	24.41	142.52	59.15	41.50
吉　林	35.33	9.13	25.84	61.39	20.80	33.88
黑龙江	29.67	3.99	13.45	41.66	9.06	21.75
上　海	203.90	113.50	55.66	410.24	255.17	62.20
江　苏	248.82	46.26	18.59	378.68	105.68	27.91
浙　江	196.95	26.77	13.59	324.24	52.91	16.32
安　徽	44.31	5.44	12.28	59.04	13.13	22.24
福　建	57.00	11.49	20.16	115.77	30.73	26.54
江　西	38.39	6.94	18.08	61.70	14.02	22.72
山　东	134.65	26.30	19.53	226.18	56.70	25.07
河　南	59.18	3.37	5.69	79.18	7.87	9.94
湖　北	54.28	8.47	15.60	85.80	17.65	20.57
湖　南	138.53	30.81	22.24	231.47	83.55	36.10
广　东	317.57	117.44	36.98	499.61	213.44	42.72
广　西	76.56	16.92	22.10	109.86	29.04	26.43
海　南	136.64	14.20	10.39	280.73	52.71	18.78
重　庆	59.68	5.59	9.37	89.53	14.33	16.01
四　川	120.93	17.68	14.62	182.94	33.77	18.46
贵　州	11.77	0.78	6.63	16.44	1.88	11.44
云　南	89.48	17.79	19.88	151.56	32.46	21.42
西　藏	0.00	0.00	0.00	0.00	0.00	0.00
陕　西	35.88	10.05	28.01	72.37	25.45	35.17
甘　肃	13.78	0.80	5.81	17.39	1.12	6.44
青　海	5.33	0.62	11.63	10.42	1.45	13.92
宁　夏	0.00	0.00	0.00	0.00	0.00	0.00
新　疆	38.15	3.33	8.73	60.46	5.71	9.44

5-2-8 全国五星级饭店每间客房的收益

地区	饭店数（家）	饭店规模		客房出租率（%）	每间客房年收入（万元）	每间客房年接待人数（人）	每间客房年接待人天数（人天）
		客房数（间）	床位数（张）				
合计	**506**	**181 072**	**301 205**	**51.06**	**11.29**	**156.50**	**274.32**
北京	54	27 214	42 816	52.40	11.78	165.72	352.18
天津	10	2 864	4 086	43.51	10.57	128.48	423.07
河北	10	2 544	4 427	46.65	7.47	131.79	199.53
山西	9	2 294	3 831	59.01	7.30	278.28	361.34
内蒙古	7	2 814	4 492	61.03	6.28	99.54	158.87
辽宁	16	5 611	8 121	59.78	10.53	131.73	254.00
吉林	7	2 124	3 444	59.68	12.12	166.33	289.03
黑龙江	5	1 274	1 964	68.01	13.22	232.85	326.97
上海	38	16 414	23 169	53.49	19.50	124.22	249.93
江苏	54	15 820	23 603	53.02	9.77	157.28	239.37
浙江	38	11 554	26 599	55.68	10.99	170.46	280.63
安徽	5	1 515	2 455	68.02	14.69	292.45	389.73
福建	19	5 149	8 264	58.44	10.85	110.70	224.83
江西	6	1 720	2 553	66.43	6.44	223.19	358.70
山东	20	6 983	11 314	40.69	15.53	192.83	323.90
河南	10	2 563	4 508	48.99	8.44	230.92	308.94
湖北	13	4 317	6 489	55.09	8.11	125.75	198.74
湖南	17	6 312	10 372	71.41	7.58	219.47	366.71
广东	66	25 681	40 345	55.90	10.61	123.66	194.54
广西	14	4 850	8 371	52.88	7.97	157.86	226.51
海南	20	8 123	17 373	58.43	15.03	168.22	345.60
重庆	11	4 456	6 549	62.18	9.33	133.94	200.91
四川	16	4 789	7 688	52.84	14.00	252.52	382.00
贵州	2	818	959	47.34	7.43	143.83	200.96
云南	15	6 010	15 673	53.78	6.75	148.89	252.17
西藏	0	0	0	0.00	0.00	0.00	0.00
陕西	6	2 486	4 196	51.87	6.96	144.31	291.12
甘肃	4	655	1 140	49.62	8.74	210.37	265.52
青海	2	727	1 101	34.61	6.97	73.30	143.36
宁夏	0	0	0	0.00	0.00	0.00	0.00
新疆	12	3 391	5 303	44.48	5.36	112.50	178.30

5-2-9 全国五星级饭店的人均效益

地 区	全员劳动生产率（万元/人）	人均实现利润（万元/人）	人均实现税金（万元/人）	人均占用固定资产原值（万元/人）	年末从业人员（人）
合 计	**16.61**	**0.70**	**1.90**	**53.57**	**259 875**
北 京	20.92	-0.26	0.94	79.41	36 453
天 津	17.01	-0.15	1.28	21.11	3 851
河 北	9.43	-0.92	0.17	64.45	4 001
山 西	22.17	2.72	4.11	43.56	1 710
内蒙古	12.34	-0.32	0.21	32.32	3 689
辽 宁	14.95	1.28	2.54	53.13	8 566
吉 林	17.91	1.27	2.08	58.42	2 847
黑龙江	11.38	1.75	2.41	58.05	2 575
上 海	26.65	2.33	3.78	65.28	25 090
江 苏	16.82	0.00	0.90	41.82	22 456
浙 江	16.95	2.23	3.12	46.36	19 374
安 徽	24.60	0.95	1.64	26.82	1 982
福 建	12.47	0.20	1.17	43.28	8 291
江 西	11.82	-0.65	0.08	58.08	2 070
山 东	22.34	0.32	1.34	41.42	10 482
河 南	16.85	-0.49	0.32	193.81	2 833
湖 北	13.39	0.58	1.57	54.24	5 821
湖 南	10.80	0.53	1.17	39.83	9 382
广 东	10.95	0.17	2.48	38.88	40 634
广 西	11.99	-0.66	-0.07	44.25	7 459
海 南	18.32	4.02	4.93	73.80	10 766
重 庆	17.25	0.96	1.57	35.69	6 486
四 川	16.24	1.56	2.65	51.37	7 766
贵 州	11.89	0.01	0.41	33.22	958
云 南	17.81	-0.58	0.42	54.17	3 694
西 藏	0.00	0.00	0.00	0.00	0
陕 西	15.54	-1.18	-0.77	75.98	2 009
甘 肃	8.42	-0.84	-0.32	37.91	1 329
青 海	8.14	-0.44	0.02	13.30	1 107
宁 夏	0.00	0.00	0.00	0.00	0
新 疆	7.90	0.14	0.78	41.70	6 194

（三）全国四星级饭店综合资料

5－3－1 全国四星级饭店综合情况

饭店注册登记类型、规模、星级		饭店数（家）	房间数（间）	床位数（张）	客房出租率（%）	营业收入（万元）	营业税金（万元）	固定资产原值（万元）
饭店注册登记类型	**合计**	**1 984**	**397 049**	**686 743**	**59.68**	**5 826 744.41**	**382 380.04**	**14 224 715.10**
	国有企业	677	135 798	243 073	59.36	2 062 731.56	122 287.97	5 306 103.90
	集体企业	65	11 142	23 288	59.97	179 200.58	10 875.51	380 400.91
	股份合作企业	58	10 332	18 158	65.86	132 979.04	7 146.07	252 413.27
	联营企业	17	4 094	6 943	60.55	64 245.05	6 415.23	172 747.34
	有限责任公司	574	112 653	187 594	59.47	1 697 248.08	119 916.38	3 737 131.88
	股份有限公司	134	27 260	47 069	61.98	397 578.90	24 813.53	894 220.52
	私营企业	248	44 466	76 290	59.83	529 061.41	38 914.29	886 444.53
	其他企业	32	6 145	10 670	63.80	104 012.15	6 636.01	268 251.90
	港澳台投资企业	113	29 580	47 959	56.78	396 308.43	28 785.36	1 524 608.13
	外商投资企业	66	15 579	25 699	59.26	263 379.21	16 589.69	802 392.72
饭店规模	**合计**	**1 984**	**397 049**	**686 743**	**59.68**	**5 826 744.41**	**382 380.04**	**14 224 715.10**
	客房数500间以上	36	24 371	43 716	55.57	332 279.93	20 380.29	920 371.72
	客房数300～499间	252	91 210	150 905	56.61	1 309 340.74	86 009.23	3 574 932.69
	客房数200～299间	545	131 167	225 106	61.05	1 969 150.53	126 906.09	5 244 476.19
	客房数100～199间	890	132 262	232 552	60.91	1 916 525.35	128 493.41	4 002 545.49
	客房数99间以下	261	18 039	34 464	61.76	299 447.86	20 591.02	482 389.01
饭店星级	**合计**	**1 984**	**397 049**	**686 743**	**59.68**	**5 826 744.41**	**382 380.04**	**14 224 715.10**
	五星级	—	—	—	0.00	0.00	0.00	0.00
	四星级	1 984	397 049	686 743	59.68	5 826 744.41	382 380.04	14 224 715.10
	三星级	—	—	—	0.00	0.00	0.00	0.00
	二星级	—	—	—	0.00	0.00	0.00	0.00
	一星级	—	—	—	0.00	0.00	0.00	0.00

5-3-2 全国四星级饭店的地区分布

地区	饭店数（家）	房间数（间）	床位数（张）	客房出租率（%）	营业收入（万元）	营业税金（万元）	固定资产原值（万元）
合计	**1 984**	**397 049**	**686 743**	**59.68**	**5 826 744.41**	**382 380.04**	**1 422 4715.10**
北京	127	36 868	60 624	53.66	665 207.04	35 560.40	2 002 915.60
天津	31	6 497	10 283	43.11	92 767.77	7 537.05	159 167.52
河北	90	14 746	26 458	62.99	198 612.97	17 339.43	553 120.29
山西	54	7 595	13 832	62.20	122 194.88	12 712.32	236 953.74
内蒙古	14	2 608	4 522	59.41	43 683.48	1 319.68	93 918.14
辽宁	72	13 937	23 012	62.41	225 935.66	21 553.60	850 057.20
吉林	36	4 929	9 888	62.09	94 329.87	4 230.30	235 721.49
黑龙江	39	5 730	10 446	59.41	45 180.14	2 149.69	194 271.40
上海	58	18 846	28 284	50.20	361 962.00	18 673.88	1 048 417.97
江苏	180	32 983	54 238	55.46	547 607.10	29 390.87	1 135 769.25
浙江	150	33 452	56 453	59.97	671 122.00	37 709.65	1 149 101.00
安徽	61	11 938	22 116	58.33	138 027.73	8 250.46	294 802.83
福建	76	14 264	23 616	72.98	169 481.25	12 612.37	406 221.56
江西	53	8 603	15 475	71.05	82 807.77	5 200.91	216 535.17
山东	139	27 993	49 574	65.07	559 203.25	26 785.69	886 848.61
河南	68	11 699	27 234	65.95	128 162.08	7 180.01	169 844.00
湖北	59	10 668	18 378	59.29	127 356.56	6 196.02	257 108.64
湖南	50	10 260	17 056	78.50	116 581.83	5 315.51	247 527.94
广东	167	35 276	57 679	56.70	458 040.48	68 649.38	1364 493.15
广西	47	10 460	18 387	59.93	106 708.79	5 864.22	261 693.68
海南	54	12 559	23 123	65.80	129 341.64	6 098.45	451 396.00
重庆	53	8 977	15 025	62.19	116 856.46	4 281.66	198 348.15
四川	66	10 964	19 214	66.02	155 340.04	12 162.71	557 272.35
贵州	28	5 184	8 061	58.78	52 621.87	2 596.54	91 049.98
云南	59	10 570	18 952	59.30	126 475.93	7 127.96	293 621.81
西藏	10	2 319	4 365	22.06	10 838.00	544.00	74 171.00
陕西	33	9 265	17 503	61.92	82 872.36	2 853.73	254 609.91
甘肃	36	5 393	10 909	48.88	38 322.64	2 887.83	140 005.44
青海	17	2 271	4 184	46.90	31 575.80	2 018.31	34 495.75
宁夏	8	1 631	2 693	54.54	24 871.30	1 764.96	118 977.14
新疆	49	8 564	15 159	61.68	102 655.72	5 812.45	246 278.39

5-3-3 全国四星级饭店的注册登记类型

单位：家

地区	总计	国有企业	集体企业	股份合作企业	联营企业	有限责任公司	股份有限公司	私营企业	其他内资企业	港澳台投资企业	外商投资企业
合计	**1 984**	**677**	**65**	**58**	**17**	**574**	**134**	**248**	**32**	**113**	**66**
北京	127	33	4	1	0	55	4	9	0	13	8
天津	31	7	1	0	0	11	2	4	2	2	2
河北	90	32	3	2	1	15	14	19	2	2	0
山西	54	23	2	0	0	15	2	7	2	2	1
内蒙古	14	5	2	0	0	5	0	1	0	1	0
辽宁	72	23	5	2	0	21	3	6	1	6	5
吉林	36	19	0	1	0	6	3	3	1	1	2
黑龙江	39	17	0	1	0	9	1	4	7	0	0
上海	58	27	0	0	1	17	4	1	0	6	2
江苏	180	38	5	5	0	85	9	23	1	5	9
浙江	150	35	8	6	0	57	17	17	8	2	0
安徽	61	25	2	2	0	13	7	8	0	4	0
福建	76	29	4	2	3	9	3	19	1	5	1
江西	53	18	0	4	0	9	1	10	0	8	3
山东	139	53	6	6	1	48	5	6	1	5	8
河南	68	47	3	0	1	3	7	2	1	3	1
湖北	59	25	1	1	0	17	4	5	0	5	1
湖南	50	22	1	5	0	4	5	6	1	5	1
广东	167	25	9	2	7	57	8	26	1	22	10
广西	47	8	0	3	0	16	3	8	0	6	3
海南	54	9	0	5	2	20	9	4	1	1	3
重庆	53	24	4	1	0	7	3	12	0	0	2
四川	66	19	0	2	1	27	5	11	0	1	0
贵州	28	9	0	0	0	8	3	6	0	2	0
云南	59	19	3	1	0	13	7	8	2	2	4
西藏	10	8	0	1	0	0	0	1	0	0	0
陕西	33	26	0	2	0	5	0	0	0	0	0
甘肃	36	21	1	0	0	5	2	6	0	1	0
青海	17	5	1	0	0	3	1	6	0	1	0
宁夏	8	5	0	0	0	1	1	1	0	0	0
新疆	49	21	0	3	0	13	1	9	0	2	0

5-3-4 全国四星级饭店的客房规模

单位：家

地区	总计	客房数 500间以上	客房数 300~499间	客房数 200~299间	客房数 100~199间	客房数 99间以下
合计	**1 984**	**36**	**252**	**545**	**890**	**261**
北京	127	10	33	42	38	4
天津	31	1	3	11	13	3
河北	90	0	2	23	50	15
山西	54	0	1	7	37	9
内蒙古	14	0	0	6	8	0
辽宁	72	1	7	21	34	9
吉林	36	0	0	6	17	13
黑龙江	39	0	1	8	21	9
上海	58	7	21	19	11	0
江苏	180	1	16	47	93	23
浙江	150	2	28	52	62	6
安徽	61	1	3	11	33	13
福建	76	1	12	12	37	14
江西	53	0	3	13	28	9
山东	139	2	14	53	54	16
河南	68	0	6	17	32	13
湖北	59	0	6	13	33	7
湖南	50	0	9	19	16	6
广东	167	3	35	43	60	26
广西	47	1	6	16	21	3
海南	54	1	12	20	19	2
重庆	53	0	3	13	29	8
四川	66	0	5	19	30	12
贵州	28	0	1	8	17	2
云南	59	1	4	16	26	12
西藏	10	0	3	1	6	0
陕西	33	3	12	7	11	0
甘肃	36	0	2	5	15	14
青海	17	0	0	2	10	5
宁夏	8	0	1	2	5	0
新疆	49	1	3	13	24	8

5-3-5 全国四星级饭店的营业收入总额

单位：万元

地　区	营业收入	#客房	#餐饮	#其他
合　计	**5 826 744.41**	**2 636 985.28**	**2 392 153.40**	**797 605.73**
北　京	665 207.04	270 934.32	232 684.10	161 588.62
天　津	92 767.77	37 980.37	31 954.38	22 833.02
河　北	198 612.97	92 562.82	86 775.24	19 274.91
山　西	122 194.88	51 412.22	55 467.00	15 315.66
内蒙古	43 683.48	17 943.78	23 004.27	2 735.43
辽　宁	225 935.66	96 007.58	106 663.77	23 264.31
吉　林	94 329.87	36 380.39	52 444.51	5 504.97
黑龙江	45 180.14	24 748.80	16 875.02	3 556.32
上　海	361 962.00	161 824.62	131 368.72	68 768.66
江　苏	547 607.10	188 650.26	282 768.60	76 188.24
浙　江	671 122.00	256 257.45	332 795.41	82 069.14
安　徽	138 027.73	64 053.55	60 798.97	13 175.21
福　建	169 481.25	87 195.69	63 396.25	18 889.31
江　西	82 807.77	45 772.63	31 822.56	5 212.58
山　东	559 203.25	236 544.41	268 243.34	54 415.50
河　南	128 162.08	54 759.63	54 570.63	18 831.82
湖　北	127 356.56	55 819.32	46 002.51	25 534.73
湖　南	116 581.83	62 958.62	40 569.59	13 053.62
广　东	458 040.48	291 258.64	96 881.59	69 900.25
广　西	106 708.79	46 315.34	47 771.22	12 622.23
海　南	129 341.64	87 514.74	34 389.15	7 437.75
重　庆	116 856.46	47 116.54	58 457.76	11 282.16
四　川	155 340.04	82 301.12	57 147.61	15 891.31
贵　州	52 621.87	32 005.15	16 927.75	3 688.97
云　南	126 475.93	65 855.74	47 809.00	12 811.19
西　藏	10 838.00	6 779.63	3 455.79	602.58
陕　西	82 872.36	38 596.74	36 227.25	8 048.37
甘　肃	38 322.64	21 489.36	13 521.93	3 311.35
青　海	31 575.80	12 607.42	16 404.58	2 563.80
宁　夏	24 871.30	11 093.46	9 924.45	3 853.39
新　疆	102 655.72	52 244.94	35 030.45	15 380.33

5-3-6 全国四星级饭店的营业收入构成

地区	营业收入（万元）	#客房（%）	#餐饮（%）	#其他（%）
合计	**5 826 744.41**	**45.26**	**41.05**	**13.69**
北京	665 207.04	40.73	34.98	24.29
天津	92 767.77	40.94	34.45	24.61
河北	198 612.97	46.60	43.69	9.70
山西	122 194.88	42.07	45.39	12.53
内蒙古	43 683.48	41.08	52.66	6.26
辽宁	225 935.66	42.49	47.21	10.30
吉林	94 329.87	38.57	55.60	5.84
黑龙江	45 180.14	54.78	37.35	7.87
上海	361 962.00	44.71	36.29	19.00
江苏	547 607.10	34.45	51.64	13.91
浙江	671 122.00	38.18	49.59	12.23
安徽	138 027.73	46.41	44.05	9.55
福建	169 481.25	51.45	37.41	11.15
江西	82 807.77	55.28	38.43	6.29
山东	559 203.25	42.30	47.97	9.73
河南	128 162.08	42.73	42.58	14.69
湖北	127 356.56	43.83	36.12	20.05
湖南	116 581.83	54.00	34.80	11.20
广东	458 040.48	63.59	21.15	15.26
广西	106 708.79	43.40	44.77	11.83
海南	129 341.64	67.66	26.59	5.75
重庆	116 856.46	40.32	50.03	9.65
四川	155 340.04	52.98	36.79	10.23
贵州	52 621.87	60.82	32.17	7.01
云南	126 475.93	52.07	37.80	10.13
西藏	10 838.00	62.55	31.89	5.56
陕西	82 872.36	46.57	43.71	9.71
甘肃	38 322.64	56.07	35.28	8.64
青海	31 575.80	39.93	51.95	8.12
宁夏	24 871.30	44.60	39.90	15.49
新疆	102 655.72	50.89	34.12	14.98

5－3－7 全国四星级饭店的住宿人数和人天数

地 区	住宿人数			住宿人天数		
	总人数（万人）	入境旅游者（万人）	入境占百分比（%）	总人数（万人天）	入境旅游者（万人天）	入境占百分比（%）
合 计	**7 537.56**	**766.06**	**10.16**	**11 809.42**	**1 727.64**	**14.63**
北 京	545.98	114.23	20.92	1 075.50	267.41	24.86
天 津	91.32	11.71	12.82	145.45	25.10	17.26
河 北	395.94	6.94	1.75	510.26	9.21	1.80
山 西	247.36	11.68	4.72	342.45	22.35	6.53
内蒙古	51.64	0.94	1.82	78.70	1.46	1.86
辽 宁	271.94	37.16	13.66	467.25	107.07	22.91
吉 林	113.41	13.35	11.77	189.85	37.07	19.53
黑龙江	83.34	3.92	4.70	130.06	7.56	5.81
上 海	190.86	84.46	44.25	397.59	206.60	51.96
江 苏	574.19	47.16	8.21	841.61	105.75	12.57
浙 江	594.13	54.83	9.23	986.92	150.58	15.26
安 徽	210.61	20.19	9.59	356.22	32.16	9.03
福 建	171.53	19.35	11.28	285.59	42.35	14.83
江 西	233.07	21.92	9.40	321.73	42.54	13.22
山 东	542.24	63.86	11.78	947.82	153.92	16.24
河 南	273.59	5.16	1.89	351.14	14.74	4.20
湖 北	224.27	12.70	5.66	306.81	21.41	6.98
湖 南	257.61	20.13	7.81	399.64	51.14	12.80
广 东	534.25	106.59	19.95	821.57	207.82	25.30
广 西	243.11	12.47	5.13	317.35	19.83	6.25
海 南	397.55	7.72	1.94	516.76	19.98	3.87
重 庆	162.79	1.50	0.92	201.71	3.62	1.79
四 川	312.13	14.16	4.54	431.68	23.86	5.53
贵 州	64.81	2.25	3.47	85.89	3.34	3.89
云 南	309.58	35.71	11.53	561.27	75.25	13.41
西 藏	13.64	4.16	30.50	30.97	9.47	30.58
陕 西	156.19	16.56	10.60	265.60	35.39	13.32
甘 肃	85.11	3.36	3.95	114.91	5.02	4.37
青 海	40.45	2.33	5.76	79.18	7.25	9.16
宁 夏	33.75	0.40	1.19	59.62	0.63	1.06
新 疆	111.14	9.16	8.24	188.31	17.77	9.44

5-3-8 全国四星级饭店每间客房的收益

地区	饭店数（家）	饭店规模		客房出租率（%）	每间客房年收入（万元）	每间客房年接待人数（人）	每间客房年接待人天数（人天）
		客房数（间）	床位数（张）				
合计	**1 984**	**397 049**	**686 743**	**59.68**	**6.64**	**189.84**	**297.43**
北京	127	36 868	60 624	53.66	7.35	148.09	291.72
天津	31	6 497	10 283	43.11	5.85	140.56	223.87
河北	90	14 746	26 458	62.99	6.28	268.51	346.03
山西	54	7 595	13 832	62.20	6.77	325.69	450.88
内蒙古	14	2 608	4 522	59.41	6.88	198.02	301.76
辽宁	72	13 937	23 012	62.41	6.89	195.12	335.26
吉林	36	4 929	9 888	62.09	7.38	230.09	385.18
黑龙江	39	5 730	10 446	59.41	4.32	145.45	226.99
上海	58	18 846	28 284	50.20	8.59	101.27	210.97
江苏	180	32 983	54 238	55.46	5.72	174.09	255.16
浙江	150	33 452	56 453	59.97	7.66	177.61	295.03
安徽	61	11 938	22 116	58.33	5.37	176.42	298.39
福建	76	14 264	23 616	72.98	6.11	120.26	200.22
江西	53	8 603	15 475	71.05	5.32	270.91	373.98
山东	139	27 993	49 574	65.07	8.45	193.71	338.59
河南	68	11 699	27 234	65.95	4.68	233.86	300.15
湖北	59	10 668	18 378	59.29	5.23	210.22	287.60
湖南	50	10 260	17 056	78.50	6.14	251.09	389.51
广东	167	35 276	57 679	56.70	8.26	151.45	232.90
广西	47	10 460	18 387	59.93	4.43	232.42	303.40
海南	54	12 559	23 123	65.80	6.97	316.54	411.46
重庆	53	8 977	15 025	62.19	5.25	181.35	224.70
四川	66	10 964	19 214	66.02	7.51	284.69	393.72
贵州	28	5 184	8 061	58.78	6.17	125.02	165.68
云南	59	10 570	18 952	59.30	6.23	292.89	531.00
西藏	10	2 319	4 365	22.06	2.92	58.83	133.54
陕西	33	9 265	17 503	61.92	4.17	168.58	286.67
甘肃	36	5 393	10 909	48.88	3.98	157.81	213.07
青海	17	2 271	4 184	46.90	5.55	178.12	348.67
宁夏	8	1 631	2 693	54.54	6.80	206.91	365.54
新疆	49	8 564	15 159	61.68	6.10	129.78	219.89

5-3-9　全国四星级饭店的人均效益

地　区	全员劳动生产率（万元/人）	人均实现利润（万元/人）	人均实现税金（万元/人）	人均占用固定资产原值（万元/人）	年末从业人员（人）
合　计	**12.07**	**-0.26**	**0.53**	**29.47**	**482 748**
北　京	16.12	-0.34	0.52	48.53	41 272
天　津	12.93	-1.54	-0.49	22.18	7 176
河　北	9.99	-0.31	0.56	27.81	19 887
山　西	9.36	-0.52	0.45	18.15	13 056
内蒙古	15.15	-0.50	-0.04	32.57	2 884
辽　宁	9.99	-0.83	0.12	37.57	22 623
吉　林	12.08	-0.70	-0.16	30.19	7 808
黑龙江	8.97	-0.74	-0.31	38.57	5 037
上　海	15.65	-0.72	0.09	45.33	23 129
江　苏	13.29	-0.61	0.10	27.56	41 213
浙　江	14.04	0.55	1.34	24.05	47 784
安　徽	10.93	0.26	0.91	23.34	12 633
福　建	9.55	0.14	0.85	22.89	17 746
江　西	9.79	-0.34	0.28	25.59	8 462
山　东	15.95	0.01	0.77	25.30	35 054
河　南	12.65	0.04	0.74	16.76	10 134
湖　北	9.10	-0.07	0.37	18.37	13 994
湖　南	10.43	-0.12	0.36	22.15	11 176
广　东	9.38	-0.14	1.27	27.95	48 819
广　西	9.31	-0.52	-0.01	22.82	11 466
海　南	13.32	0.06	0.69	46.48	9 711
重　庆	9.62	-0.18	0.17	16.32	12 152
四　川	9.38	-0.09	0.64	33.65	16 561
贵　州	8.66	-0.45	-0.02	14.99	6 074
云　南	14.06	-0.27	0.52	32.64	8 997
西　藏	6.03	0.26	0.56	41.25	1 798
陕　西	9.66	-0.60	-0.27	29.67	8 582
甘　肃	7.90	0.19	0.78	28.84	4 854
青　海	20.23	-0.30	0.99	22.10	1 561
宁　夏	10.33	-2.79	-2.06	49.41	2 408
新　疆	11.80	-1.18	-0.52	28.32	8 697

（四）全国三星级饭店综合资料

5－4－1 全国三星级饭店综合情况

饭店注册登记类型、规模、星级		饭店数（家）	房间数（间）	床位数（张）	客房出租率（%）	营业收入（万元）	营业税金（万元）	固定资产原值（万元）
饭店注册登记类型	**合　计**	**5 917**	**689 262**	**1 275 714**	**59.40**	**5 857 286.49**	**392 355.24**	**12 348 970.95**
	国有企业	2 231	278 938	535 198	60.00	2 290 453.68	145 873.60	5 149 563.13
	集体企业	328	37 862	71 130	56.92	356 391.31	23 307.10	805 895.06
	股份合作企业	145	15 744	29 416	63.76	136 999.10	9 645.44	252 384.14
	联营企业	26	3 725	6 720	56.24	28 387.43	2 090.65	83 613.77
	有限责任公司	1 462	170 297	301 611	59.14	1 531 816.66	105 723.85	3 021 661.85
	股份有限公司	307	36 460	66 589	57.62	313 214.00	21 649.51	577 976.91
	私营企业	1 089	103 013	188 150	60.53	805 224.85	57 146.86	1 355 083.71
	其他企业	122	14 664	27 886	54.67	125 688.95	7 841.75	360 909.09
	港澳台投资企业	132	18 845	32 570	56.09	169 369.30	12 364.98	443 543.13
	外商投资企业	75	9 714	16 444	63.46	99 741.21	6 711.50	298 340.16
饭店规模	**合　计**	**5 917**	**689 262**	**1 275 714**	**59.40**	**5 857 286.49**	**392 355.24**	**12 348 970.95**
	客房数 500 间以上	22	19 199	21 595	49.31	85 211.30	6 074.37	156 540.73
	客房数 300～499 间	121	43 686	75 829	56.55	373 521.72	21 617.50	892 393.04
	客房数 200～299 间	469	111 036	200 423	58.77	850 964.26	58 620.07	2 266 558.82
	客房数 100～199 间	2 398	321 877	600 332	59.55	2 697 059.71	179 604.86	5 786 746.19
	客房数 99 间以下	2 907	193 464	377 535	60.56	1 850 529.50	126 438.44	3 246 732.17
饭店星级	**合　计**	**5 917**	**689 262**	**1 275 714**	**59.40**	**5 857 286.49**	**392 355.24**	**12 348 970.95**
	五星级	—	—	—	0.00	0.00	0.00	0.00
	四星级	—	—	—	0.00	0.00	0.00	0.00
	三星级	5 917	689 262	1 275 714	59.40	5 857 286.49	392 355.24	12 348 970.95
	二星级	—	—	—	0.00	0.00	0.00	0.00
	一星级	—	—	—	0.00	0.00	0.00	0.00

5-4-2　全国三星级饭店的地区分布

地　区	饭店数（家）	房间数（间）	床位数（张）	客房出租率（%）	营业收入（万元）	营业税金（万元）	固定资产原值（万元）
合　计	**5 917**	**689 262**	**1 275 714**	**59.40**	**5 857 286.49**	**392 355.24**	**12 348 970.95**
北　京	266	46 051	79 693	48.90	520 302.52	28 461.60	1 326 541.20
天　津	45	6 024	10 728	48.12	69 200.66	5 541.31	111 636.62
河　北	222	28 619	54 130	55.19	192 189.63	17 219.25	382 799.69
山　西	125	12 885	24 595	63.10	124 599.50	10 317.83	205 848.06
内蒙古	76	8 348	16 166	55.72	79 455.99	4 491.47	212 384.41
辽　宁	259	27 064	51 528	61.31	242 938.45	18 793.43	654 554.57
吉　林	85	7 667	15 302	58.11	71 305.96	4 692.72	150 157.27
黑龙江	113	12 143	24 176	56.61	53 614.93	2 489.93	327 142.12
上　海	122	19 872	34 514	47.56	231 869.60	11 877.98	638 714.98
江　苏	422	42 397	76 644	56.71	421 794.80	24 244.69	565 509.06
浙　江	391	51 681	91 325	59.70	627 264.20	32 809.90	1 017 596.30
安　徽	156	16 405	31 368	63.45	131 997.00	8 568.80	297 351.12
福　建	195	23 455	42 251	70.00	197 961.34	15 748.01	478 440.31
江　西	185	19 721	35 654	66.81	114 439.82	8 160.48	263 919.64
山　东	436	51 395	96 706	65.97	619 047.27	30 285.20	1 184 501.58
河　南	234	32 079	69 447	62.96	225 405.84	12 671.26	196 172.97
湖　北	233	24 283	45 295	60.57	203 414.76	8 383.81	397 254.82
湖　南	220	26 088	48 538	77.85	181 497.28	8 624.77	315 975.02
广　东	519	57 381	98 420	54.04	458 430.38	68 998.96	913 855.11
广　西	215	25 914	47 325	61.63	146 684.86	8 456.14	274 650.09
海　南	112	13 154	25 477	57.94	47 898.06	2 539.34	226 579.58
重　庆	124	12 618	23 024	56.48	95 384.59	4 921.94	212 508.45
四　川	199	18 624	32 796	62.04	203 036.77	15 079.85	404 301.76
贵　州	119	11 628	20 856	60.25	75 298.27	3 239.37	142 438.18
云　南	198	20 059	39 236	56.10	108 603.45	7 555.44	300 732.38
西　藏	62	6 054	11 725	24.21	21 943.00	1 289.00	138 103.00
陕　西	183	22 581	43 419	72.21	146 557.14	9 966.02	352 803.44
甘　肃	110	12 866	24 466	56.42	52 797.43	3 561.24	229 889.06
青　海	43	4 457	8 432	46.48	22 088.95	1 498.49	48 990.59
宁　夏	38	3 591	6 600	60.32	43 776.66	2 548.03	82 893.43
新　疆	210	24 158	45 878	66.53	126 487.38	9 318.98	294 726.14

5－4－3　全国三星级饭店的注册登记类型

单位：家

地　区	总　计	国有企业	集体企业	股份合作企业	联营企业	有限责任公司	股份有限公司	私营企业	其他内资企业	港澳台投资企业	外商投资企业
合　计	**5 917**	**2 231**	**328**	**145**	**26**	**1 462**	**307**	**1 089**	**122**	**132**	**75**
北　京	266	96	23	5	1	90	6	38	0	6	1
天　津	45	20	3	0	0	10	1	5	1	3	2
河　北	222	129	18	6	1	15	15	34	1	2	1
山　西	125	65	6	4	0	19	11	18	2	0	0
内蒙古	76	41	2	0	0	17	1	15	0	0	0
辽　宁	259	101	40	2	0	40	13	34	6	9	14
吉　林	85	48	4	2	0	17	6	8	0	0	0
黑龙江	113	51	1	0	0	21	5	10	21	3	1
上　海	122	66	8	1	1	23	7	8	3	4	1
江　苏	422	84	17	11	2	174	27	95	6	2	4
浙　江	391	97	24	14	2	134	33	58	18	11	0
安　徽	156	68	6	2	0	30	9	34	0	5	2
福　建	195	70	11	2	1	39	7	43	0	10	12
江　西	185	70	0	12	2	32	6	55	3	2	3
山　东	436	160	28	9	3	125	24	61	12	8	6
河　南	234	136	19	5	0	47	7	17	0	3	0
湖　北	233	85	7	8	1	62	12	52	0	4	2
湖　南	220	114	10	16	1	17	7	47	4	3	1
广　东	519	106	30	6	7	182	24	100	12	37	15
广　西	215	57	7	3	1	70	11	55	3	6	2
海　南	112	30	6	3	0	42	2	22	1	5	1
重　庆	124	50	7	3	0	15	9	38	1	0	1
四　川	199	53	6	8	1	70	20	35	3	3	0
贵　州	119	47	3	4	0	18	11	32	2	2	0
云　南	198	73	6	3	0	44	13	54	0	2	3
西　藏	62	22	9	2	1	0	2	9	16	0	1
陕　西	183	102	9	5	0	31	7	27	1	0	1
甘　肃	110	60	4	2	0	18	2	22	1	1	0
青　海	43	13	5	1	0	8	1	14	1	0	0
宁　夏	38	15	1	3	0	12	0	7	0	0	0
新　疆	210	102	8	3	1	40	8	42	4	1	1

5-4-4　全国三星级饭店的客房规模

单位：家

地区	总计	客房数 500 间以上	客房数 300～499 间	客房数 200～299 间	客房数 100～199 间	客房数 99 间以下
合计	**5 917**	**22**	**121**	**469**	**2 398**	**2 907**
北京	266	8	23	45	113	77
天津	45	0	1	6	21	17
河北	222	0	12	25	88	97
山西	125	0	2	6	44	73
内蒙古	76	1	2	2	27	44
辽宁	259	0	4	14	110	131
吉林	85	0	0	5	20	60
黑龙江	113	0	1	9	42	61
上海	122	1	9	18	67	27
江苏	422	1	8	15	137	261
浙江	391	0	7	47	199	138
安徽	156	0	0	10	64	82
福建	195	0	6	15	88	86
江西	185	0	2	10	73	100
山东	436	1	6	60	175	194
河南	234	2	5	15	102	110
湖北	233	1	1	7	95	129
湖南	220	1	3	15	98	103
广东	519	2	10	46	192	269
广西	215	0	1	20	107	87
海南	112	1	0	8	58	45
重庆	124	0	1	4	45	74
四川	199	0	5	7	63	124
贵州	119	0	1	7	31	80
云南	198	1	0	8	75	114
西藏	62	0	1	0	20	41
陕西	183	0	1	19	98	65
甘肃	110	0	4	9	36	61
青海	43	0	1	1	18	23
宁夏	38	0	0	1	13	24
新疆	210	2	4	15	79	110

5-4-5 全国三星级饭店的营业收入总额

单位：万元

地　区	营业收入	#客房	#餐饮	#其他
合　计	**5 857 286.49**	**2 638 374.05**	**2 430 463.40**	**788 449.04**
北　京	520 302.52	211 407.55	183 867.67	125 027.30
天　津	69 200.66	23 941.97	25 780.69	19 478.00
河　北	192 189.63	97 627.44	75 067.56	19 494.63
山　西	124 599.50	51 245.21	58 406.10	14 948.19
内蒙古	79 455.99	34 576.54	38 443.11	6 436.34
辽　宁	242 938.45	102 491.01	111 177.55	29 269.89
吉　林	71 305.96	29 430.44	31 852.77	10 022.75
黑龙江	53 614.93	34 022.06	14 452.82	5 140.05
上　海	231 869.60	92 434.95	89 732.66	49 701.99
江　苏	421 794.80	132 593.10	235 640.43	53 561.27
浙　江	627 264.20	232 695.39	300 381.93	94 186.88
安　徽	131 997.00	42 449.10	60 198.11	29 349.79
福　建	197 961.34	101 111.64	70 432.10	26 417.60
江　西	114 439.82	60 799.15	49 792.39	3 848.28
山　东	619 047.27	272 920.95	291 785.93	54 340.39
河　南	225 405.84	88 341.40	104 256.29	32 808.15
湖　北	203 414.76	87 376.36	83 815.71	32 222.69
湖　南	181 497.28	107 948.18	60 406.26	13 142.84
广　东	458 430.38	296 333.00	95 558.68	66 538.70
广　西	146 684.86	68 564.17	64 861.05	13 259.64
海　南	47 898.06	29 548.68	14 211.19	4 138.19
重　庆	95 384.59	42 408.02	43 188.80	9 787.77
四　川	203 036.77	98 825.69	82 044.86	22 166.22
贵　州	75 298.27	44 585.98	24 026.97	6 685.32
云　南	108 603.45	60 440.71	38 005.29	10 157.45
西　藏	21 943.00	12 984.18	7 190.68	1 768.14
陕　西	146 557.14	59 447.73	76 088.32	11 021.09
甘　肃	52 797.43	25 726.27	21 482.35	5 588.81
青　海	22 088.95	13 406.74	7 143.08	1 539.13
宁　夏	43 776.66	16 945.31	24 260.29	2 571.06
新　疆	126 487.38	65 745.13	46 911.76	13 830.49

5-4-6 全国三星级饭店的营业收入构成

地 区	营业收入（万元）	#客房（%）	#餐饮（%）	#其他（%）
合 计	**5 857 286.49**	**45.04**	**41.49**	**13.46**
北 京	520 302.52	40.63	35.34	24.03
天 津	69 200.66	34.60	37.25	28.15
河 北	192 189.63	50.80	39.06	10.14
山 西	124 599.50	41.13	46.88	12.00
内蒙古	79 455.99	43.52	48.38	8.10
辽 宁	242 938.45	42.19	45.76	12.05
吉 林	71 305.96	41.27	44.67	14.06
黑龙江	53 614.93	63.46	26.96	9.59
上 海	231 869.60	39.87	38.70	21.44
江 苏	421 794.80	31.44	55.87	12.70
浙 江	627 264.20	37.10	47.89	15.02
安 徽	131 997.00	32.16	45.61	22.24
福 建	197 961.34	51.08	35.58	13.34
江 西	114 439.82	53.13	43.51	3.36
山 东	619 047.27	44.09	47.13	8.78
河 南	225 405.84	39.19	46.25	14.56
湖 北	203 414.76	42.95	41.20	15.84
湖 南	181 497.28	59.48	33.28	7.24
广 东	458 430.38	64.64	20.84	14.51
广 西	146 684.86	46.74	44.22	9.04
海 南	47 898.06	61.69	29.67	8.64
重 庆	95 384.59	44.46	45.28	10.26
四 川	203 036.77	48.67	40.41	10.92
贵 州	75 298.27	59.21	31.91	8.88
云 南	108 603.45	55.65	34.99	9.35
西 藏	21 943.00	59.17	32.77	8.06
陕 西	146 557.14	40.56	51.92	7.52
甘 肃	52 797.43	48.73	40.69	10.59
青 海	22 088.95	60.69	32.34	6.97
宁 夏	43 776.66	38.71	55.42	5.87
新 疆	126 487.38	51.98	37.09	10.93

5－4－7　全国三星级饭店的住宿人数和人天数

地　区	住宿人数			住宿人天数		
	总人数（万人）	入境旅游者（万人）	入境占百分比（%）	总人数（万人天）	入境旅游者（万人天）	入境占百分比（%）
合　计	**14 098.89**	**603.03**	**4.28**	**20 437.86**	**1 377.94**	**6.74**
北　京	543.37	34.70	6.39	1 070.25	111.16	10.39
天　津	80.20	4.15	5.17	146.18	18.60	12.72
河　北	796.68	13.71	1.72	1 079.07	50.23	4.65
山　西	446.73	3.22	0.72	553.21	5.04	0.91
内蒙古	189.74	7.75	4.08	326.60	15.90	4.87
辽　宁	507.18	33.64	6.63	822.56	104.51	12.71
吉　林	144.38	3.60	2.49	199.24	7.43	3.73
黑龙江	207.62	3.69	1.78	285.60	6.43	2.25
上　海	230.69	39.19	16.99	403.95	89.09	22.05
江　苏	798.96	27.01	3.38	1 054.53	48.94	4.64
浙　江	1 071.93	29.09	2.71	1427.50	50.27	3.52
安　徽	538.18	19.73	3.67	797.28	36.15	4.53
福　建	274.88	13.78	5.01	401.90	24.15	6.01
江　西	551.46	46.24	8.39	770.60	95.76	12.43
山　东	924.78	70.77	7.65	1 398.75	197.30	14.11
河　南	659.18	30.32	4.60	890.78	78.68	8.83
湖　北	589.33	9.44	1.60	736.33	16.97	2.30
湖　南	766.91	28.87	3.76	953.23	46.48	4.88
广　东	918.57	81.32	8.85	1 522.94	165.64	10.88
广　西	652.80	28.69	4.39	904.02	40.33	4.46
海　南	394.89	1.10	0.28	488.99	1.45	0.30
重　庆	262.32	12.24	4.67	331.36	44.38	13.39
四　川	626.49	9.68	1.55	813.56	13.53	1.66
贵　州	280.24	0.73	0.26	559.16	0.95	0.17
云　南	477.21	23.45	4.91	808.91	50.14	6.20
西　藏	44.64	9.69	21.71	89.07	23.56	26.45
陕　西	381.90	5.41	1.42	508.86	9.73	1.91
甘　肃	169.77	1.17	0.69	245.73	1.40	0.57
青　海	74.60	0.34	0.46	114.66	0.83	0.72
宁　夏	116.01	0.45	0.39	157.09	0.74	0.47
新　疆	377.22	9.88	2.62	575.95	22.18	3.85

5-4-8 全国三星级饭店每间客房的收益

地区	饭店数（家）	饭店规模		客房出租率（%）	每间客房年收入（万元）	每间客房年接待人数（人）	每间客房年接待人天数（人天）
		客房数（间）	床位数（张）				
合计	**5 917**	**689 262**	**1 275 714**	**59.40**	**3.83**	**204.55**	**296.52**
北京	266	46 051	79 693	48.90	4.59	117.99	232.41
天津	45	6 024	10 728	48.12	3.97	133.14	242.66
河北	222	28 619	54 130	55.19	3.41	278.37	377.05
山西	125	12 885	24 595	63.10	3.98	346.71	429.35
内蒙古	76	8 348	16 166	55.72	4.14	227.29	391.23
辽宁	259	27 064	51 528	61.31	3.79	187.40	303.93
吉林	85	7 667	15 302	58.11	3.84	188.32	259.87
黑龙江	113	12 143	24 176	56.61	2.80	170.98	235.20
上海	122	19 872	34 514	47.56	4.65	116.09	203.28
江苏	422	42 397	76 644	56.71	3.13	188.45	248.73
浙江	391	51 681	91 325	59.70	4.50	207.41	276.21
安徽	156	16 405	31 368	63.45	2.59	328.06	486.00
福建	195	23 455	42 251	70.00	4.31	117.19	171.35
江西	185	19 721	35 654	66.81	3.08	279.63	390.75
山东	436	51 395	96 706	65.97	5.31	179.94	272.16
河南	234	32 079	69 447	62.96	2.75	205.49	277.68
湖北	233	24 283	45 295	60.57	3.60	242.69	303.23
湖南	220	26 088	48 538	77.85	4.14	293.97	365.39
广东	519	57 381	98 420	54.04	5.16	160.08	265.41
广西	215	25 914	47 325	61.63	2.65	251.91	348.85
海南	112	13 154	25 477	57.94	2.25	300.21	371.74
重庆	124	12 618	23 024	56.48	3.36	207.89	262.61
四川	199	18 624	32 796	62.04	5.31	336.39	436.83
贵州	119	11 628	20 856	60.25	3.83	241.01	480.87
云南	198	20 059	39 236	56.10	3.01	237.90	403.26
西藏	62	6 054	11 725	24.21	2.14	73.74	147.12
陕西	183	22 581	43 419	72.21	2.63	169.13	225.35
甘肃	110	12 866	24 466	56.42	2.00	131.95	191.00
青海	43	4 457	8 432	46.48	3.01	167.38	257.26
宁夏	38	3 591	6 600	60.32	4.72	323.07	437.46
新疆	210	24 158	45 878	66.53	2.72	156.15	238.41

5-4-9 全国三星级饭店的人均效益

地　区	全员劳动生产率（万元/人）	人均实现利润（万元/人）	人均实现税金（万元/人）	人均占用固定资产原值（万元/人）	年末从业人员（人）
合　计	**8.77**	**-0.24**	**0.35**	**18.50**	**667 600**
北　京	12.17	-0.93	-0.26	31.04	42 735
天　津	11.78	-0.78	0.16	19.00	5 876
河　北	4.34	-0.07	0.31	8.65	44 273
山　西	8.42	-0.17	0.53	13.91	14 798
内蒙古	7.94	-0.71	-0.26	21.22	10 009
辽　宁	9.62	-0.63	0.12	25.92	25 250
吉　林	9.75	-0.38	0.26	20.52	7 317
黑龙江	5.00	-0.37	-0.14	30.49	10 728
上　海	11.50	-1.42	-0.83	31.68	20 163
江　苏	11.61	-0.37	0.30	15.57	36 317
浙　江	11.87	-0.62	0.00	19.25	52 866
安　徽	7.65	0.45	0.95	17.22	17 263
福　建	9.31	-0.01	0.73	22.49	21 271
江　西	8.63	0.19	0.80	19.91	13 258
山　东	11.21	0.11	0.66	21.45	55 213
河　南	15.28	0.72	1.58	13.30	14 749
湖　北	8.17	-0.41	-0.07	15.96	24 889
湖　南	7.07	-0.08	0.26	12.30	25 688
广　东	6.07	-0.01	0.90	12.09	75 574
广　西	6.74	-0.21	0.18	12.62	21 766
海　南	6.42	-0.32	0.02	30.35	7 466
重　庆	6.26	-0.34	-0.02	13.95	15 234
四　川	9.38	0.05	0.74	18.68	21 638
贵　州	8.40	-0.17	0.19	15.89	8 964
云　南	8.99	-0.39	0.23	24.89	12 083
西　藏	4.73	0.12	0.39	29.78	4 638
陕　西	6.83	-0.08	0.39	16.45	21 444
甘　肃	4.35	0.09	0.38	18.96	12 127
青　海	14.45	0.76	1.74	32.06	1 528
宁　夏	6.66	-0.02	0.37	12.61	6 574
新　疆	7.95	-0.28	0.31	18.54	15 901

（五）全国二星级饭店综合资料

5－5－1 全国二星级饭店综合情况

	饭店注册登记类型、规模、星级	饭店数（家）	房间数（间）	床位数（张）	客房出租率（%）	营业收入（万元）	营业税金（万元）	固定资产原值（万元）
饭店注册登记类型	**合　计**	**5 375**	**384 038**	**755 144**	**58.23**	**2 101 371.68**	**127 814.80**	**3 788 195.61**
	国有企业	2 127	166 510	336 700	59.15	907 354.89	53 614.98	1 785 783.94
	集体企业	413	27 293	53 999	57.23	135 241.83	7 984.82	300 485.83
	股份合作企业	131	9 812	18 824	56.23	65 669.17	3 499.68	107 971.41
	联营企业	20	1 740	3 337	42.44	5 791.65	368.06	14 496.27
	有限责任公司	896	71 166	129 851	56.90	411 650.65	26 858.65	618 001.94
	股份有限公司	236	17 379	39 119	62.44	106 189.04	9 566.48	155 708.80
	私营企业	1 366	77 104	145 606	57.53	397 364.28	21 701.24	643 708.14
	其他企业	127	8 333	19 492	55.49	42 535.08	2 287.27	80 532.37
	港澳台投资企业	37	3 224	5 471	68.55	21 076.38	1 459.95	55 776.63
	外商投资企业	22	1 477	2 745	54.65	8 498.71	473.67	25 730.28
饭店规模	**合　计**	**5 375**	**384 038**	**755 144**	**58.23**	**2 101 371.68**	**127 814.80**	**3 788 195.61**
	客房数500间以上	5	7 223	10 720	71.46	9 860.57	547.82	2 178.28
	客房数300～499间	16	6 125	14 810	70.62	15 160.60	943.90	17 586.30
	客房数200～299间	64	14 802	31 971	57.03	66 243.41	3 431.43	111 244.75
	客房数100～199间	967	128 243	250 212	59.30	712 891.65	48 035.53	1 305 560.70
	客房数99间以下	4 323	227 645	447 431	57.48	1 297 215.45	74 856.12	2 351 625.58
饭店星级	**合　计**	**5 375**	**384 038**	**755 144**	**58.23**	**2 101 371.68**	**127 814.80**	**3 788 195.61**
	五星级	—	—	—	0.00	0.00	0.00	0.00
	四星级	—	—	—	0.00	0.00	0.00	0.00
	三星级	—	—	—	0.00	0.00	0.00	0.00
	二星级	5 375	384 038	755 144	58.23	2 101 371.68	127 814.80	3 788 195.61
	一星级	—	—	—	0.00	0.00	0.00	0.00

5-5-2 全国二星级饭店的地区分布

地　区	饭店数（家）	房间数（间）	床位数（张）	客　房出租率（%）	营业收入（万元）	营业税金（万元）	固定资产原　值（万元）
合　计	**5 375**	**384 038**	**755 144**	**58.23**	**2 101 371.68**	**127 814.80**	**3 788 195.61**
北　京	277	24 626	48 248	41.49	130 714.75	7 045.40	201 845.00
天　津	18	1 485	3 009	57.43	12 180.81	907.71	18 534.92
河　北	144	14 507	29 086	50.66	58 217.82	3 743.53	90 106.44
山　西	163	11 490	22 869	62.56	70 788.29	4 090.87	108 527.43
内蒙古	144	8 424	17 750	52.76	51 862.10	1 719.37	103 353.59
辽　宁	159	11 534	22 135	63.94	68 536.09	6 474.15	158 782.19
吉　林	93	4 896	10 511	50.72	31 082.51	747.02	58 844.55
黑龙江	125	7 582	16 083	58.94	21 539.88	860.61	53 729.49
上　海	76	5 878	10 496	49.62	52 030.93	2 632.30	106 740.23
江　苏	258	16 868	30 235	57.37	94 825.73	5 124.87	120 171.72
浙　江	461	36 856	65 532	60.36	256 727.35	12 978.33	288 628.71
安　徽	212	16 432	31 980	58.91	64 063.08	4 467.68	137 541.97
福　建	126	8 463	15 959	60.57	35 192.87	2 457.69	75 105.96
江　西	135	9 698	18 493	65.63	41 761.91	2 250.39	80 294.45
山　东	308	26 622	52 026	70.76	214 187.44	16 330.51	464 704.04
河　南	203	18 777	44 572	64.19	98 797.63	6 914.58	30 211.33
湖　北	281	15 523	31 065	57.36	82 369.77	3 164.77	217 527.80
湖　南	255	19 200	34 072	79.04	89 491.66	3 161.65	92 821.76
广　东	277	19 512	34 774	54.84	75 933.74	10 496.23	163 086.60
广　西	154	12 223	26 762	60.46	44 434.37	2 445.69	82 948.88
海　南	42	3 069	5 936	55.64	7 519.17	566.48	51 668.01
重　庆	84	5 179	9 759	59.51	25 512.10	1 038.64	85 641.96
四　川	234	11 704	27 094	53.97	96 284.80	7 953.47	154 398.19
贵　州	152	8 293	16 300	56.69	52 970.79	1 363.00	62 271.50
云　南	466	30 017	58 314	55.92	147 324.69	8 372.70	297 448.57
西　藏	64	3 602	7 303	28.40	11 173.00	768.00	86 167.00
陕　西	111	7 631	15 289	84.80	57 560.09	2 390.11	146 847.50
甘　肃	148	10 690	21 102	48.79	42 803.31	2 568.33	91 120.19
青　海	51	3 018	6 008	43.14	9 650.56	761.08	28 706.14
宁　夏	11	944	1 522	69.05	14 358.77	701.59	6 561.81
新　疆	143	9 295	20 860	54.41	41 475.67	3 318.05	123 857.68

5－5－3 全国二星级饭店的注册登记类型

单位：家

地 区	总 计	国有企业	集体企业	股份合作企业	联营企业	有限责任公司	股份有限公司	私营企业	其他内资企业	港澳台投资企业	外商投资企业
合 计	**5 375**	**2 127**	**413**	**131**	**20**	**896**	**236**	**1 366**	**127**	**37**	**22**
北 京	277	99	17	16	2	74	3	64	0	0	2
天 津	18	7	2	0	0	5	1	3	0	0	0
河 北	144	102	14	1	1	4	3	18	0	1	0
山 西	163	89	11	1	1	16	13	20	11	0	1
内蒙古	144	74	4	3	0	23	7	33	0	0	0
辽 宁	159	66	22	2	2	25	10	30	2	0	0
吉 林	93	62	1	2	0	13	3	9	1	0	2
黑龙江	125	61	10	3	0	25	3	14	9	0	0
上 海	76	34	6	1	0	12	6	15	1	1	0
江 苏	258	54	20	1	0	86	23	72	1	0	1
浙 江	461	99	25	20	2	117	18	145	30	5	0
安 徽	212	101	17	7	0	34	8	42	1	1	1
福 建	126	64	8	1	2	16	0	32	2	1	0
江 西	135	57	4	8	0	10	9	41	2	2	2
山 东	308	117	30	8	2	59	21	60	7	2	2
河 南	203	133	22	6	0	15	11	16	0	0	0
湖 北	281	122	24	8	0	40	9	73	3	2	0
湖 南	255	119	14	6	2	18	8	80	4	4	0
广 东	277	81	37	5	1	51	12	66	8	13	3
广 西	154	58	12	2	1	32	2	38	8	0	1
海 南	42	8	4	1	1	16	4	5	1	1	1
重 庆	84	21	10	2	0	7	4	40	0	0	0
四 川	234	56	17	9	0	68	15	66	3	0	0
贵 州	152	59	4	2	0	11	5	68	2	1	0
云 南	466	127	39	7	2	49	17	209	11	0	5
西 藏	64	16	11	2	1	0	2	16	14	1	1
陕 西	111	59	12	4	0	15	9	10	1	1	0
甘 肃	148	95	7	0	0	15	4	26	1	0	0
青 海	51	17	3	3	0	9	1	17	1	0	0
宁 夏	11	6	1	0	0	0	1	3	0	0	0
新 疆	143	64	5	0	0	31	4	35	3	1	0

5-5-4 全国二星级饭店的客房规模

单位：家

地区	总计	客房数500间以上	客房数300~499间	客房数200~299间	客房数100~199间	客房数99间以下
合计	**5375**	**5**	**16**	**64**	**967**	**4 323**
北京	277	1	1	6	73	196
天津	18	0	0	0	6	12
河北	144	0	4	7	42	91
山西	163	0	0	0	35	128
内蒙古	144	0	0	0	15	129
辽宁	159	0	0	1	37	121
吉林	93	0	0	0	3	90
黑龙江	125	0	1	0	16	108
上海	76	0	0	0	21	55
江苏	258	0	0	2	40	216
浙江	461	0	2	6	116	337
安徽	212	1	0	6	36	169
福建	126	0	0	1	19	106
江西	135	0	0	1	23	111
山东	308	0	2	4	104	198
河南	203	1	3	5	53	141
湖北	281	0	0	0	22	259
湖南	255	1	1	5	37	211
广东	277	1	0	3	46	227
广西	154	0	1	3	32	118
海南	42	0	0	0	7	35
重庆	84	0	0	0	10	74
四川	234	0	0	2	33	199
贵州	152	0	0	1	17	134
云南	466	0	1	5	61	399
西藏	64	0	0	0	4	60
陕西	111	0	0	3	9	99
甘肃	148	0	0	3	26	119
青海	51	0	0	0	5	46
宁夏	11	0	0	0	3	8
新疆	143	0	0	0	16	127

5-5-5 全国二星级饭店的营业收入总额

单位：万元

地区	营业收入	#客房	#餐饮	#其他
合计	**2 101 371.68**	**989 145.26**	**873 978.88**	**238 247.54**
北京	130 714.75	67 998.50	34 003.70	28 712.55
天津	12 180.81	4 345.93	2 975.60	4 859.28
河北	58 217.82	27 270.93	25 760.64	5 186.25
山西	70 788.29	34 652.81	30 487.94	5 647.54
内蒙古	51 862.10	24 609.52	24 936.07	2 316.51
辽宁	68 536.09	34 868.57	27 527.42	6 140.10
吉林	31 082.51	16 338.37	14 290.66	453.48
黑龙江	21 539.88	15 732.74	4 508.89	1 298.25
上海	52 030.93	21 754.38	19 372.00	10 904.55
江苏	94 825.73	35 510.42	48 432.61	10 882.70
浙江	256 727.35	109 057.91	119 441.94	28 227.50
安徽	64 063.08	22 739.47	35 683.51	5 640.10
福建	35 192.87	20 386.68	11 465.51	3 340.68
江西	41 761.91	22 710.13	17 437.87	1 613.91
山东	214 187.44	77 146.26	109 524.11	27 517.07
河南	98 797.63	36 808.36	56 903.39	5 085.88
湖北	82 369.77	38 688.71	34 641.56	9 039.50
湖南	89 491.66	57 193.96	24 645.94	7 651.76
广东	75 933.74	49 930.53	15 712.79	10 290.42
广西	44 434.37	23 423.55	16 381.04	4 629.78
海南	7 519.17	5 253.97	2 109.62	155.58
重庆	25 512.10	13 155.53	10 615.56	1 741.01
四川	96 284.80	42 646.15	43 189.45	10 449.20
贵州	52 970.79	20 956.25	22 580.46	9 434.08
云南	147 324.69	82 460.87	45 716.48	19 147.34
西藏	11 173.00	7 002.47	2 983.00	1 187.53
陕西	57 560.09	22 865.73	29 126.18	5 568.18
甘肃	42 803.31	17 012.09	20 268.17	5 523.05
青海	9 650.56	6 173.66	2 882.45	594.45
宁夏	14 358.77	4 370.85	8 933.70	1 054.22
新疆	41 475.67	26 079.96	11 440.62	3 955.09

5-5-6 全国二星级饭店的营业收入构成

地　区	营业收入（万元）	#客房（%）	#餐饮（%）	#其他（%）
合　计	**2 101 371.68**	**47.07**	**41.59**	**11.34**
北　京	130 714.75	52.02	26.01	21.97
天　津	12 180.81	35.68	24.43	39.89
河　北	58 217.82	46.84	44.25	8.91
山　西	70 788.29	48.95	43.07	7.98
内蒙古	51 862.10	47.45	48.08	4.47
辽　宁	68 536.09	50.88	40.16	8.96
吉　林	31 082.51	52.56	45.98	1.46
黑龙江	21 539.88	73.04	20.93	6.03
上　海	52 030.93	41.81	37.23	20.96
江　苏	94 825.73	37.45	51.08	11.48
浙　江	256 727.35	42.48	46.52	11.00
安　徽	64 063.08	35.50	55.70	8.80
福　建	35 192.87	57.93	32.58	9.49
江　西	41 761.91	54.38	41.76	3.86
山　东	214 187.44	36.02	51.13	12.85
河　南	98 797.63	37.26	57.60	5.15
湖　北	82 369.77	46.97	42.06	10.97
湖　南	89 491.66	63.91	27.54	8.55
广　东	75 933.74	65.76	20.69	13.55
广　西	44 434.37	52.71	36.87	10.42
海　南	7 519.17	69.87	28.06	2.07
重　庆	25 512.10	51.57	41.61	6.82
四　川	96 284.80	44.29	44.86	10.85
贵　州	52 970.79	39.56	42.63	17.81
云　南	147 324.69	55.97	31.03	13.00
西　藏	11 173.00	62.67	26.70	10.63
陕　西	57 560.09	39.72	50.60	9.67
甘　肃	42 803.31	39.74	47.35	12.90
青　海	9 650.56	63.97	29.87	6.16
宁　夏	14 358.77	30.44	62.22	7.34
新　疆	41 475.67	62.88	27.58	9.54

5－5－7 全国二星级饭店的住宿人数和人天数

地区	住宿人数			住宿人天数		
	总人数（万人）	入境旅游者（万人）	入境占百分比（%）	总人数（万人天）	入境旅游者（万人天）	入境占百分比（%）
合计	**7 895.52**	**246.61**	**3.12**	**11 455.83**	**502.69**	**4.39**
北京	273.19	8.83	3.23	524.79	23.04	4.39
天津	34.40	0.18	0.52	46.59	0.32	0.69
河北	193.54	2.76	1.43	273.14	3.74	1.37
山西	252.33	4.43	1.76	331.52	7.69	2.32
内蒙古	201.89	1.68	0.83	290.15	2.61	0.90
辽宁	195.88	8.38	4.28	319.33	27.14	8.50
吉林	86.42	3.58	4.14	110.84	4.20	3.79
黑龙江	144.34	6.24	4.32	195.43	6.94	3.55
上海	95.43	3.93	4.12	152.63	8.32	5.45
江苏	297.28	4.53	1.52	420.46	16.06	3.82
浙江	760.03	11.33	1.49	1 071.80	23.00	2.15
安徽	385.62	38.85	10.07	674.44	50.46	7.48
福建	104.02	2.21	2.12	146.47	3.83	2.61
江西	251.98	18.56	7.37	363.67	36.91	10.15
山东	265.77	16.98	6.39	384.81	50.72	13.18
河南	307.80	1.24	0.40	399.14	2.48	0.62
湖北	356.17	6.57	1.84	444.00	10.92	2.46
湖南	549.26	10.33	1.88	661.12	15.88	2.40
广东	306.30	15.93	5.20	437.47	38.44	8.79
广西	296.65	3.70	1.25	406.67	6.23	1.53
海南	80.93	0.02	0.02	113.84	0.02	0.02
重庆	111.20	0.01	0.01	126.07	0.01	0.01
四川	412.96	1.00	0.24	481.26	2.15	0.45
贵州	141.95	0.60	0.42	172.68	0.80	0.46
云南	1 199.16	64.22	5.36	2 090.48	135.56	6.48
西藏	35.33	3.25	9.20	58.75	7.72	13.14
陕西	175.75	1.14	0.65	237.73	3.26	1.37
甘肃	141.86	0.63	0.44	168.14	0.74	0.44
青海	51.83	0.10	0.19	73.38	0.31	0.42
宁夏	24.47	0.11	0.45	27.32	0.36	1.32
新疆	161.76	5.27	3.26	251.70	12.79	5.08

5-5-8 全国二星级饭店每间客房的收益

地　区	饭店数（家）	饭店规模		客　房出租率（%）	每间客房年收入（万元）	每间客房年接待人数（人）	每间客房年接待人天数（人天）
		客房数（间）	床位数（张）				
合　计	**5 375**	**384 038**	**755 144**	**58.23**	**2.58**	**205.59**	**298.30**
北　京	277	24 626	48 248	41.49	2.76	110.93	213.11
天　津	18	1 485	3 009	57.43	2.93	231.64	313.74
河　北	144	14 507	29 086	50.66	1.88	133.41	188.28
山　西	163	11 490	22 869	62.56	3.02	219.61	288.53
内蒙古	144	8 424	17 750	52.76	2.92	239.66	344.43
辽　宁	159	11 534	22 135	63.94	3.02	169.83	276.86
吉　林	93	4 896	10 511	50.72	3.34	176.52	226.38
黑龙江	125	7 582	16 083	58.94	2.08	190.38	257.75
上　海	76	5 878	10 496	49.62	3.70	162.36	259.67
江　苏	258	16 868	30 235	57.37	2.11	176.24	249.26
浙　江	461	36 856	65 532	60.36	2.96	206.21	290.81
安　徽	212	16 432	31 980	58.91	1.38	234.68	410.44
福　建	126	8 463	15 959	60.57	2.41	122.91	173.07
江　西	135	9 698	18 493	65.63	2.34	259.83	374.99
山　东	308	26 622	52 026	70.76	2.90	99.83	144.54
河　南	203	18 777	44 572	64.19	1.96	163.93	212.57
湖　北	281	15 523	31 065	57.36	2.49	229.44	286.03
湖　南	255	19 200	34 072	79.04	2.98	286.07	344.33
广　东	277	19 512	34 774	54.84	2.56	156.98	224.20
广　西	154	12 223	26 762	60.46	1.92	242.70	332.71
海　南	42	3 069	5 936	55.64	1.71	263.70	370.92
重　庆	84	5 179	9 759	59.51	2.54	214.72	243.42
四　川	234	11 704	27 094	53.97	3.64	352.84	411.20
贵　州	152	8 293	16 300	56.69	2.53	171.17	208.23
云　南	466	30 017	58 314	55.92	2.75	399.49	696.43
西　藏	64	3 602	7 303	28.40	1.94	98.09	163.11
陕　西	111	7 631	15 289	84.80	3.00	230.31	311.54
甘　肃	148	10 690	21 102	48.79	1.59	132.70	157.29
青　海	51	3 018	6 008	43.14	2.05	171.74	243.13
宁　夏	11	944	1 522	69.05	4.63	259.23	289.44
新　疆	143	9 295	20 860	54.41	2.81	174.03	270.79

5-5-9 全国二星级饭店的人均效益

地　区	全员劳动 (万元/人)	人均实现 利　润 (万元/人)	人均实现 税　金 (万元/人)	人均占用固 定资产原值 (万元/人)	年末从业 人　员 (人)
合　计	**8.31**	**-0.05**	**0.46**	**14.97**	**252 983**
北　京	10.48	-0.65	-0.08	16.19	12 470
天　津	11.07	-0.14	0.69	16.83	1 101
河　北	3.33	-0.07	0.14	5.15	17 507
山　西	8.46	0.13	0.62	12.96	8 371
内蒙古	8.30	0.10	0.37	16.54	6 247
辽　宁	8.03	-0.19	0.57	18.61	8 533
吉　林	11.83	0.44	0.72	22.40	2 627
黑龙江	4.02	-0.03	0.13	10.02	5 364
上　海	9.76	-1.37	-0.88	20.02	5 333
江　苏	9.57	-0.35	0.17	12.13	9 909
浙　江	10.87	-0.23	0.32	12.22	23 624
安　徽	6.66	-0.18	0.28	14.29	9 622
福　建	7.22	0.18	0.68	15.40	4 877
江　西	9.90	0.00	0.53	19.04	4 218
山　东	9.15	-0.14	0.55	19.86	23 400
河　南	14.17	1.84	2.83	4.33	6 971
湖　北	9.42	0.12	0.48	24.88	8 742
湖　南	8.93	0.03	0.34	9.26	10 025
广　东	5.91	0.13	0.95	12.69	12 848
广　西	6.05	-0.27	0.06	11.29	7 345
海　南	6.23	0.07	0.54	42.81	1 207
重　庆	5.28	-0.08	0.14	17.73	4 830
四　川	8.68	0.14	0.85	13.92	11 090
贵　州	10.08	0.01	0.27	11.85	5 254
云　南	9.73	0.19	0.74	19.64	15 142
西　藏	3.68	0.04	0.29	28.40	3 034
陕　西	6.17	-0.22	0.04	15.75	9 323
甘　肃	6.71	0.32	0.72	14.29	6 377
青　海	19.90	0.74	2.31	59.19	485
宁　夏	11.46	-0.12	0.44	5.24	1 253
新　疆	7.08	-0.20	0.36	21.16	5 854

（六）全国一星级饭店综合资料

5-6-1 全国一星级饭店综合情况

饭店注册登记类型、规模、星级		饭店数（家）	房间数（间）	床位数（张）	客房出租率（%）	营业收入（万元）	营业税金（万元）	固定资产原值（万元）
饭店注册登记类型	**合计**	**455**	**22 054**	**45 878**	**51.23**	**78 963.05**	**6 310.42**	**146 482.24**
	国有企业	152	8 428	19 573	51.46	34 730.21	3 063.48	52 179.01
	集体企业	34	1 963	4 107	41.41	4 174.51	223.11	14 412.32
	股份合作企业	13	565	1 100	49.07	1 307.79	67.12	1 048.19
	联营企业	1	42	70	76.35	314.82	15.27	388.24
	有限责任公司	63	3 814	6 916	55.61	16 725.64	1 703.97	29 986.93
	股份有限公司	11	558	1 065	62.27	2 480.12	125.59	2 541.76
	私营企业	173	6 393	12 509	50.48	17 658.15	970.62	38 448.63
	其他企业	6	196	402	29.75	763.81	58.32	2 981.98
	港澳台投资企业	1	65	76	44.63	808.00	82.94	4 495.18
	外商投资企业	1	30	60	0.00	0.00	0.00	0.00
饭店规模	**合计**	**455**	**22 054**	**45 878**	**51.23**	**78 963.05**	**6 310.42**	**146 482.24**
	客房数500间以上	—	—	—	0.00	0.00	0.00	0.00
	客房数300~499间	—	—	—	0.00	0.00	0.00	0.00
	客房数200~299间	2	454	549	35.71	3 228.92	290.30	519.00
	客房数100~199间	42	5 389	10 065	59.23	17 197.90	1 735.72	47 832.64
	客房数99间以下	411	16 211	35 264	50.03	58 536.23	4 284.40	98 130.60
饭店星级	**合计**	**455**	**22 054**	**45 878**	**51.23**	**78 963.05**	**6 310.42**	**146 482.24**
	五星级	—	—	—	0.00	0.00	0.00	0.00
	四星级	—	—	—	0.00	0.00	0.00	0.00
	三星级	—	—	—	0.00	0.00	0.00	0.00
	二星级	—	—	—	0.00	0.00	0.00	0.00
	一星级	455	22 054	45 878	51.23	78 963.05	6 310.42	146 482.24

5－6－2 全国一星级饭店的地区分布

地 区	饭店数（家）	房间数（间）	床位数（张）	客房出租率（%）	营业收入（万元）	营业税金（万元）	固定资产原值（万元）
合 计	**455**	**22 054**	**45 878**	**51.23**	**78 963.05**	**6 310.42**	**146 482.24**
北 京	26	1 535	3 212	25.86	4 841.42	255.20	10 713.00
天 津	7	812	1 401	52.18	8 477.61	593.54	9 720.28
河 北	8	784	1 486	53.07	791.77	101.85	2 355.50
山 西	1	23	50	51.22	28.17	0.00	0.00
内蒙古	21	873	1 816	43.28	3 935.84	91.20	7 750.80
辽 宁	24	1 652	3 099	51.29	5 505.30	305.85	12 000.00
吉 林	5	186	414	44.77	1 282.30	141.00	18.00
黑龙江	13	526	1 142	67.19	1 407.20	29.20	2 312.10
上 海	4	249	474	46.74	824.60	46.94	714.64
江 苏	2	84	163	71.43	0.00	0.00	0.00
浙 江	48	2 359	4 267	67.31	11 330.42	1 110.83	9 008.51
安 徽	17	1 097	1 996	37.72	1 349.80	126.60	3 182.80
福 建	6	180	373	52.94	135.53	10.49	23.24
江 西	1	28	44	0.00	0.00	0.00	0.00
山 东	4	349	686	66.81	2 826.03	187.08	7 375.42
河 南	7	492	3 132	42.78	208.69	9.42	194.04
湖 北	19	789	1 716	52.48	13 902.62	2 056.76	9 315.14
湖 南	19	967	1 876	81.74	5 183.05	139.39	7 830.00
广 东	18	440	833	54.99	688.22	117.05	1 675.41
广 西	7	345	667	61.78	251.50	13.30	448.89
海 南	10	599	1 179	57.01	1 064.37	62.93	7 318.65
重 庆	1	70	140	52.47	306.52	15.61	428.07
四 川	19	482	948	43.20	2 216.37	139.59	4 481.31
贵 州	19	962	2 083	56.61	2 839.53	108.50	9 333.17
云 南	88	2 894	5 651	52.53	4 157.90	256.51	9 670.95
西 藏	13	674	1 596	26.90	1 784.00	102.00	15 406.00
陕 西	5	441	886	78.11	50.00	0.00	0.00
甘 肃	14	692	1 469	41.43	433.74	25.29	2 281.59
青 海	10	535	1 080	40.29	787.55	76.05	698.00
宁 夏	0	0	0	0.00	0.00	0.00	0.00
新 疆	19	935	1 999	57.44	2 353.00	188.24	12 226.73

5-6-3 全国一星级饭店的注册登记类型

单位：家

地　区	总　计	国有企业	集体企业	股份合作企业	联营企业	有限责任公司	股份有限公司	私营企业	其他内资企业	港澳台投资企业	外商投资企业
合　计	**455**	**152**	**34**	**13**	**1**	**63**	**11**	**173**	**6**	**1**	**1**
北　京	26	4	2	0	0	8	0	12	0	0	0
天　津	7	3	1	0	0	3	0	0	0	0	0
河　北	8	5	1	0	0	0	0	2	0	0	0
山　西	1	1	0	0	0	0	0	0	0	0	0
内蒙古	21	6	0	0	0	3	0	12	0	0	0
辽　宁	24	12	3	2	0	3	0	3	0	1	0
吉　林	5	4	0	0	0	0	0	0	0	0	1
黑龙江	13	11	0	0	0	1	1	0	0	0	0
上　海	4	2	0	0	0	1	0	1	0	0	0
江　苏	2	1	1	0	0	0	0	0	0	0	0
浙　江	48	10	3	2	0	13	2	17	1	0	0
安　徽	17	8	1	0	0	3	0	5	0	0	0
福　建	6	5	0	0	0	0	0	1	0	0	0
江　西	1	0	0	0	0	0	0	1	0	0	0
山　东	4	3	0	0	0	1	0	0	0	0	0
河　南	7	3	1	0	0	1	0	2	0	0	0
湖　北	19	12	2	0	0	2	0	3	0	0	0
湖　南	19	8	1	1	0	1	0	8	0	0	0
广　东	18	6	2	3	0	0	0	7	0	0	0
广　西	7	3	0	0	0	2	0	2	0	0	0
海　南	10	2	0	0	1	4	1	2	0	0	0
重　庆	1	1	0	0	0	0	0	0	0	0	0
四　川	19	5	2	2	0	4	2	4	0	0	0
贵　州	19	8	1	0	0	1	1	8	0	0	0
云　南	88	6	5	3	0	5	1	67	1	0	0
西　藏	13	2	7	0	0	0	0	2	2	0	0
陕　西	5	5	0	0	0	0	0	0	0	0	0
甘　肃	14	6	1	0	0	2	1	4	0	0	0
青　海	10	2	0	0	0	4	1	3	0	0	0
宁　夏	0	0	0	0	0	0	0	0	0	0	0
新　疆	19	8	0	0	0	1	1	7	2	0	0

5-6-4 全国一星级饭店的客房规模

单位：家

地区	总计	客房数 500间以上	客房数 300~499间	客房数 200~299间	客房数 100~199间	客房数 99间以下
合计	**455**	**0**	**0**	**2**	**42**	**411**
北京	26	0	0	0	2	24
天津	7	0	0	1	3	3
河北	8	0	0	0	3	5
山西	1	0	0	0	0	1
内蒙古	21	0	0	0	1	20
辽宁	24	0	0	1	6	17
吉林	5	0	0	0	0	5
黑龙江	13	0	0	0	0	13
上海	4	0	0	0	0	4
江苏	2	0	0	0	0	2
浙江	48	0	0	0	7	41
安徽	17	0	0	0	5	12
福建	6	0	0	0	0	6
江西	1	0	0	0	0	1
山东	4	0	0	0	2	2
河南	7	0	0	0	2	5
湖北	19	0	0	0	0	19
湖南	19	0	0	0	3	16
广东	18	0	0	0	0	18
广西	7	0	0	0	0	7
海南	10	0	0	0	1	9
重庆	1	0	0	0	0	1
四川	19	0	0	0	1	18
贵州	19	0	0	0	2	17
云南	88	0	0	0	0	88
西藏	13	0	0	0	0	13
陕西	5	0	0	0	2	3
甘肃	14	0	0	0	0	14
青海	10	0	0	0	1	9
宁夏	0	0	0	0	0	0
新疆	19	0	0	0	1	18

5-6-5 全国一星级饭店的营业收入总额

单位：万元

地　区	营业收入	#客房	#餐饮	#其他
合　计	**78 963.05**	**41 604.07**	**24 703.46**	**12 655.52**
北　京	4 841.42	2 932.01	1 374.25	535.16
天　津	8 477.61	4 365.36	1 271.50	2 840.75
河　北	791.77	517.28	110.37	164.12
山　西	28.17	19.42	5.00	3.75
内蒙古	3 935.84	1 488.70	2 218.68	228.46
辽　宁	5 505.30	3 132.98	2 089.27	283.05
吉　林	1 282.30	482.56	741.68	58.06
黑龙江	1 407.20	1 096.50	268.20	42.50
上　海	824.60	394.95	108.16	321.49
江　苏	0.00	0.00	0.00	0.00
浙　江	11 330.42	5 300.06	4 722.78	1 307.58
安　徽	1 349.80	376.40	769.70	203.70
福　建	135.53	37.79	97.74	0.00
江　西	0.00	0.00	0.00	0.00
山　东	2 826.03	834.14	1 386.89	605.00
河　南	208.69	118.80	85.43	4.46
湖　北	13 902.62	8 578.33	1 988.71	3 335.58
湖　南	5 183.05	2 277.48	2 242.11	663.46
广　东	688.22	486.94	138.86	62.42
广　西	251.50	220.50	24.00	7.00
海　南	1 064.37	860.06	102.88	101.43
重　庆	306.52	138.62	130.30	37.60
四　川	2 216.37	1 015.17	1 003.87	197.33
贵　州	2 839.53	1 532.33	1 034.50	272.70
云　南	4 157.90	2 384.64	1 188.92	584.34
西　藏	1 784.00	1 004.24	422.53	357.23
陕　西	50.00	50.00	0.00	0.00
甘　肃	433.74	291.40	116.06	26.28
青　海	787.55	570.67	79.19	137.69
宁　夏	0.00	0.00	0.00	0.00
新　疆	2 353.00	1 096.74	981.88	274.38

5-6-6 全国一星级饭店的营业收入构成

地　区	营业收入（万元）	#客房（%）	#餐饮（%）	#其他（%）
合　计	**78 963.05**	**52.69**	**31.28**	**16.03**
北　京	4 841.42	60.56	28.39	11.05
天　津	8 477.61	51.49	15.00	33.51
河　北	791.77	65.33	13.94	20.73
山　西	28.17	68.94	17.75	13.31
内蒙古	3 935.84	37.82	56.37	5.80
辽　宁	5 505.30	56.91	37.95	5.14
吉　林	1 282.30	37.63	57.84	4.53
黑龙江	1 407.20	77.92	19.06	3.02
上　海	824.60	47.90	13.12	38.99
江　苏	0.00	0.00	0.00	0.00
浙　江	11 330.42	46.78	41.68	11.54
安　徽	1 349.80	27.89	57.02	15.09
福　建	135.53	27.88	72.12	0.00
江　西	0.00	0.00	0.00	0.00
山　东	2 826.03	29.52	49.08	21.41
河　南	208.69	56.93	40.94	2.14
湖　北	13 902.62	61.70	14.30	23.99
湖　南	5 183.05	43.94	43.26	12.80
广　东	688.22	70.75	20.18	9.07
广　西	251.50	87.67	9.54	2.78
海　南	1 064.37	80.80	9.67	9.53
重　庆	306.52	45.22	42.51	12.27
四　川	2 216.37	45.80	45.29	8.90
贵　州	2 839.53	53.96	36.43	9.60
云　南	4 157.90	57.35	28.59	14.05
西　藏	1 784.00	56.29	23.68	20.02
陕　西	50.00	100.00	0.00	0.00
甘　肃	433.74	67.18	26.76	6.06
青　海	787.55	72.46	10.06	17.48
宁　夏	0.00	0.00	0.00	0.00
新　疆	2 353.00	46.61	41.73	11.66

5-6-7 全国一星级饭店的住宿人数和人天数

地区	住宿人数			住宿人天数		
	总人数（万人）	入境旅游者（万人）	入境占百分比（%）	总人数（万人天）	入境旅游者（万人天）	入境占百分比（%）
合计	**303.24**	**4.52**	**1.49**	**449.11**	**11.50**	**2.56**
北京	13.56	0.12	0.88	23.76	0.34	1.43
天津	13.99	0.55	3.93	21.42	1.51	7.05
河北	3.25	0.00	0.00	9.11	0.00	0.00
山西	0.11	0.00	0.00	0.11	0.00	0.00
内蒙古	16.80	0.02	0.12	28.54	0.02	0.07
辽宁	18.85	0.66	3.50	28.28	2.29	8.10
吉林	2.28	0.07	3.07	2.40	0.07	2.92
黑龙江	9.23	0.09	0.98	13.30	0.88	6.62
上海	2.22	0.00	0.00	5.60	0.00	0.00
江苏	0.04	0.00	0.00	0.04	0.00	0.00
浙江	48.82	0.13	0.27	54.11	0.19	0.35
安徽	4.24	0.14	3.30	5.65	0.16	2.83
福建	0.12	0.00	0.00	0.62	0.00	0.00
江西	0.00	0.00	0.00	0.00	0.00	0.00
山东	3.00	0.28	9.33	4.22	1.00	23.70
河南	2.70	0.00	0.00	3.16	0.00	0.00
湖北	11.08	0.09	0.81	16.70	0.14	0.84
湖南	24.12	0.09	0.37	30.58	0.18	0.59
广东	9.51	0.04	0.42	11.51	0.08	0.70
广西	3.89	0.09	2.31	4.46	0.13	2.91
海南	15.43	0.02	0.13	22.39	0.02	0.09
重庆	1.46	0.00	0.00	2.31	0.00	0.00
四川	12.83	0.52	4.05	19.79	1.32	6.67
贵州	9.66	0.04	0.41	11.64	0.08	0.69
云南	40.42	0.09	0.22	67.90	0.19	0.28
西藏	6.43	0.71	11.04	23.22	1.30	5.60
陕西	0.51	0.02	3.92	1.21	0.03	2.48
甘肃	6.18	0.01	0.16	6.49	0.01	0.15
青海	7.64	0.13	1.70	9.62	0.16	1.66
宁夏	0.00	0.00	0.00	0.00	0.00	0.00
新疆	14.89	0.61	4.10	20.99	1.40	6.67

5-6-8 全国一星级饭店每间客房的收益

地区	饭店数（家）	饭店规模		客房出租率（%）	每间客房年收入（万元）	每间客房年接待人数（人）	每间客房年接待人天数（人天）
		客房数（间）	床位数（张）				
合计	**455**	**22 054**	**45 878**	**51.23**	**1.89**	**137.50**	**203.64**
北京	26	1 535	3 212	25.86	1.91	88.32	154.79
天津	7	812	1 401	52.18	5.38	172.31	263.78
河北	8	784	1 486	53.07	0.66	41.41	116.20
山西	1	23	50	51.22	0.84	46.00	46.00
内蒙古	21	873	1 816	43.28	1.71	192.38	326.92
辽宁	24	1 652	3 099	51.29	1.90	114.12	171.21
吉林	5	186	414	44.77	2.59	122.84	128.99
黑龙江	13	526	1 142	67.19	2.08	175.50	252.80
上海	4	249	474	46.74	1.59	89.06	224.99
江苏	2	84	163	71.43	0.00	4.29	4.29
浙江	48	2 359	4 267	67.31	2.25	206.94	229.39
安徽	17	1 097	1 996	37.72	0.34	38.63	51.46
福建	6	180	373	52.94	0.21	6.85	34.35
江西	1	28	44	0.00	0.00	0.00	0.00
山东	4	349	686	66.81	2.39	85.95	120.89
河南	7	492	3 132	42.78	0.24	54.83	64.27
湖北	19	789	1 716	52.48	10.87	140.47	211.72
湖南	19	967	1 876	81.74	2.36	249.45	316.20
广东	18	440	833	54.99	1.11	216.23	261.65
广西	7	345	667	61.78	0.64	112.72	129.14
海南	10	599	1 179	57.01	1.44	257.67	373.85
重庆	1	70	140	52.47	1.98	208.64	329.99
四川	19	482	948	43.20	2.11	266.22	410.60
贵州	19	962	2 083	56.61	1.59	100.40	121.01
云南	88	2 894	5 651	52.53	0.82	139.67	234.63
西藏	13	674	1 596	26.90	1.49	95.38	344.46
陕西	5	441	886	78.11	0.11	11.56	27.35
甘肃	14	692	1 469	41.43	0.42	89.25	93.75
青海	10	535	1 080	40.29	1.07	142.75	179.76
宁夏	0	0	0	0.00	0.00	0.00	0.00
新疆	19	935	1 999	57.44	1.17	159.23	224.47

5-6-9 全国一星级饭店的人均效益

地　区	全员劳动生产率（万元/人）	人均实现利润（万元/人）	人均实现税金（万元/人）	人均占用固定资产原值（万元/人）	年末从业人员（人）
合　计	**8.40**	**0.12**	**0.79**	**15.59**	**9 396**
北　京	8.49	0.03	0.48	18.79	570
天　津	12.39	-0.09	0.78	14.21	684
河　北	1.84	0.50	0.74	5.47	431
山　西	0.00	0.00	0.00	0.00	0
内蒙古	12.00	0.08	0.36	23.63	328
辽　宁	6.66	-0.76	-0.39	14.53	826
吉　林	67.47	7.79	15.21	0.95	19
黑龙江	6.06	-0.15	-0.03	9.97	232
上　海	7.11	-0.88	-0.48	6.16	116
江　苏	0.00	0.00	0.00	0.00	0
浙　江	10.24	0.68	1.68	8.14	1 107
安　徽	2.52	0.15	0.39	5.94	536
福　建	7.50	0.72	1.31	1.29	18
江　西	0.00	0.00	0.00	0.00	0
山　东	8.05	0.28	0.81	21.01	351
河　南	7.74	0.23	0.58	7.19	27
湖　北	53.88	-0.01	7.96	36.11	258
湖　南	9.87	-0.38	-0.12	14.91	525
广　东	4.77	-0.10	0.71	11.63	144
广　西	1.79	-0.19	-0.10	3.21	140
海　南	5.98	0.93	1.29	41.12	178
重　庆	5.69	-3.32	-3.03	7.93	54
四　川	6.76	-0.46	-0.03	13.66	328
贵　州	7.24	-0.22	0.06	23.81	392
云　南	4.28	1.19	1.45	9.95	972
西　藏	3.58	-0.01	0.20	30.94	498
陕　西	0.00	0.00	0.00	0.00	0
甘　肃	4.25	0.22	0.47	22.37	102
青　海	19.70	-1.94	-0.04	17.45	40
宁　夏	0.00	0.00	0.00	0.00	0
新　疆	4.53	0.02	0.38	23.51	520

六、全国大中型星级饭店综合资料

6-1 全国大中型星级饭店综合情况

饭店注册登记类型、规模、星级		饭店数（家）	房间数（间）	床位数（张）	客房出租率（%）	营业收入（万元）	营业税金（万元）	固定资产原值（万元）
饭店注册登记类型	**合计**	**1 973**	**622 022**	**1 062 600**	**55.69**	**9 124 152.08**	**627 623.02**	**26 676 523.42**
	国有企业	709	218 900	381 202	57.99	3 049 664.94	188 068.17	9 550 395.02
	集体企业	68	18 485	37 165	57.52	234 212.61	14 451.18	559 841.67
	股份合作企业	47	12 959	23 202	61.73	137 458.87	9 219.43	458 184.72
	联营企业	20	6 035	10 020	57.68	69 082.69	7 291.63	209 589.18
	有限责任公司	515	161 208	257 542	57.86	2 261 488.43	178 928.02	5 706 341.67
	股份有限公司	136	45 677	86 891	59.33	652 792.81	49 118.97	1 901 804.09
	私营企业	170	52 557	96 436	57.39	594 193.03	43 178.75	1 049 614.40
	其他企业	34	9 107	19 612	58.78	111 797.21	6 842.47	465 592.19
	港澳台投资企业	164	58 429	91 832	45.59	1 108 909.56	75 034.72	3 960 343.85
	外商投资企业	110	38 665	58 698	57.33	904 551.93	55 489.68	2 814 816.63
饭店规模	**合计**	**1 973**	**622 022**	**1 062 600**	**55.69**	**9 124 152.08**	**627 623.02**	**26 676 523.42**
	客房数500间以上	145	105 548	168 855	47.42	1 796 684.55	149 675.49	5 013 136.79
	客房数300~499间	612	224 799	378 471	56.60	3 608 387.91	234 627.36	10 957 143.67
	客房数200~299间	1 216	291 675	515 274	59.53	3 719 079.62	243 320.17	10 706 242.96
	客房数100~199间	—	—	—	0.00	0.00	0.00	0.00
	客房数99间以下	—	—	—	0.00	0.00	0.00	0.00
饭店星级	**合计**	**1 973**	**622 022**	**1 062 600**	**55.69**	**9 124 152.08**	**627 623.02**	**26 676 523.42**
	五星级	441	172 749	286 976	51.02	4 109 190.10	302 802.02	13 489 721.90
	四星级	833	246 748	419 727	58.86	3 610 771.20	233 295.61	9 739 780.60
	三星级	612	173 921	297 847	57.54	1 309 697.28	86 311.94	3 315 492.59
	二星级	85	28 150	57 501	61.00	91 264.58	4 923.15	131 009.33
	一星级	2	454	549	35.71	3 228.92	290.30	519.00

6－2　全国大中型星级饭店的地区分布

地　区	饭店数（家）	房间数（间）	床位数（张）	客　房出租率（%）	营业收入（万元）	营业税金（万元）	固定资产原　值（万元）
合　计	**1 973**	**622 022**	**1 062 600**	**55.69**	**9 124 152.08**	**627 623.02**	**26 676 523.42**
北　京	222	85 589	138 563	53.32	1 585 950.56	87 470.70	5 414 460.10
天　津	31	8 889	13 789	43.62	136 042.76	11 143.02	207 293.62
河　北	79	21 728	38 050	56.43	139 977.25	11 873.26	517 117.05
山　西	23	6 081	10 422	59.25	84 592.18	6 504.41	202 463.94
内蒙古	18	5 975	10 322	58.42	81 812.70	3 033.78	191 615.81
辽　宁	62	18 771	29 633	58.95	279 286.93	23 687.54	1 170 021.00
吉　林	17	4 718	8 273	59.67	87 133.80	4 500.00	264 292.00
黑龙江	24	6 378	12 334	56.10	63 281.36	3 092.89	369 704.98
上　海	112	41 222	62 045	51.18	1 062 372.07	56 580.32	2 748 870.78
江　苏	134	39 747	62 817	52.23	677 141.59	35 824.19	1 620 173.42
浙　江	178	50 572	92 950	58.39	908 322.16	51 107.82	1 948 350.42
安　徽	35	12 114	21 851	68.33	118 274.86	5 941.21	221 747.34
福　建	60	17 830	28 640	65.83	217 818.42	16 380.21	664 399.87
江　西	35	8 921	15 209	69.20	87 759.89	5 078.32	254 714.58
山　东	159	43 699	78 778	49.20	732 796.82	35 344.17	1 368 914.81
河　南	61	22 876	43 385	63.38	174 564.22	10 104.64	728 938.41
湖　北	40	12 277	19 862	54.81	142 077.11	9 115.29	447 404.95
湖　南	70	22 164	35 513	74.27	218 702.32	11 119.34	651 199.26
广　东	205	68 325	109 974	56.34	914 983.67	159 852.37	2 972 948.45
广　西	61	17 870	35 285	57.86	191 133.86	10 063.53	561 307.50
海　南	61	19 607	38 796	61.06	308 320.06	14 714.25	1 141 045.00
重　庆	32	9 765	15 649	58.50	168 332.24	6 285.09	330 555.32
四　川	48	14 928	25 211	60.59	227 763.26	17 850.01	848 516.10
贵　州	20	5 318	8 228	58.41	45 455.12	1 934.27	111 094.78
云　南	48	15 527	32 502	56.25	140 841.90	9 952.27	447 634.04
西　藏	5	1 822	3 456	25.65	10 066.00	547.00	66 648.00
陕　西	51	15 697	28 991	61.30	115 885.19	5 090.42	413 412.11
甘　肃	24	6 938	13 202	52.99	38 925.43	2 191.69	197 960.46
青　海	6	1 708	3 048	42.62	17 429.03	1 004.92	43 632.00
宁　夏	4	1 132	1 800	48.67	16 785.39	1 411.78	92 333.11
新　疆	48	13 834	24 022	59.45	130 323.93	8 824.31	457 754.21

6－3　全国大中型星级饭店的注册登记类型

单位：家

地　区	总　计	国有企业	集体企业	股份合作企业	联营企业	有限责任公司	股份有限公司	私营企业	其他内资企业	港澳台投资企业	外商投资企业
合　计	**1 973**	**709**	**68**	**47**	**20**	**515**	**136**	**170**	**34**	**164**	**110**
北　京	222	59	8	4	0	78	8	14	0	35	16
天　津	31	4	1	0	0	10	3	6	1	2	4
河　北	79	44	3	1	1	9	6	12	1	1	1
山　西	23	9	2	0	0	4	2	3	2	1	0
内蒙古	18	6	4	1	0	4	0	1	0	1	1
辽　宁	62	26	1	0	1	12	4	4	1	7	6
吉　林	17	7	0	1	0	4	0	3	0	1	1
黑龙江	24	8	0	0	0	2	0	1	11	1	1
上　海	112	50	2	1	2	25	6	4	0	11	11
江　苏	134	24	3	5	0	66	7	10	2	4	13
浙　江	178	57	5	4	0	58	19	20	7	8	0
安　徽	35	17	2	0	0	6	3	6	0	1	0
福　建	60	22	5	2	2	14	2	5	0	5	3
江　西	35	13	0	2	0	5	2	5	1	4	3
山　东	159	71	9	4	3	40	8	6	1	8	9
河　南	61	47	2	0	0	8	3	0	0	1	0
湖　北	40	13	0	1	0	12	2	3	0	6	3
湖　南	70	25	7	5	0	11	9	6	1	6	0
广　东	205	40	7	1	9	63	12	19	1	35	18
广　西	61	9	2	1	0	24	2	9	1	10	3
海　南	61	12	0	5	1	22	9	4	0	2	6
重　庆	32	18	0	0	0	1	1	4	0	2	6
四　川	48	20	1	3	0	11	8	3	0	2	0
贵　州	20	6	0	0	0	2	3	5	2	2	0
云　南	48	12	2	0	0	8	11	6	1	4	4
西　藏	5	5	0	0	0	0	0	0	0	0	0
陕　西	51	37	1	5	0	6	2	0	0	0	0
甘　肃	24	18	0	0	0	1	1	3	0	1	0
青　海	6	3	0	0	0	1	0	2	0	0	0
宁　夏	4	2	0	0	0	1	0	1	0	0	0
新　疆	48	25	1	1	1	7	3	5	1	3	1

6－4 全国大中型星级饭店的客房规模

单位:家

地　区	总　计	客房数 500 间以上	客房数 300～499 间	客房数 200～299 间	客房数 100～199 间	客房数 99 间以下
合　计	**1 973**	**145**	**612**	**1 216**	**0**	**0**
北　京	222	37	82	103	0	0
天　津	31	2	7	22	0	0
河　北	79	1	21	57	0	0
山　西	23	0	6	17	0	0
内蒙古	18	2	5	11	0	0
辽　宁	62	4	20	38	0	0
吉　林	17	0	4	13	0	0
黑龙江	24	0	5	19	0	0
上　海	112	20	48	44	0	0
江　苏	134	5	45	84	0	0
浙　江	178	5	47	126	0	0
安　徽	35	3	4	28	0	0
福　建	60	1	28	31	0	0
江　西	35	0	7	28	0	0
山　东	159	7	33	119	0	0
河　南	61	4	17	40	0	0
湖　北	40	1	15	24	0	0
湖　南	70	5	18	47	0	0
广　东	205	22	75	108	0	0
广　西	61	2	16	43	0	0
海　南	61	6	25	30	0	0
重　庆	32	2	12	18	0	0
四　川	48	2	15	31	0	0
贵　州	20	1	3	16	0	0
云　南	48	6	10	32	0	0
西　藏	5	0	4	1	0	0
陕　西	51	4	17	30	0	0
甘　肃	24	0	6	18	0	0
青　海	6	0	3	3	0	0
宁　夏	4	0	1	3	0	0
新　疆	48	3	13	32	0	0

6－5　全国大中型星级饭店的星级构成

单位:家

地　区	星级饭店总　数	五星级	四星级	三星级	二星级	一星级
合　计	**1 973**	**441**	**833**	**612**	**85**	**2**
北　京	222	53	85	76	8	0
天　津	31	8	15	7	0	1
河　北	79	6	25	37	11	0
山　西	23	7	8	8	0	0
内蒙古	18	7	6	5	0	0
辽　宁	62	13	29	18	1	1
吉　林	17	6	6	5	0	0
黑龙江	24	4	9	10	1	0
上　海	112	37	47	28	0	0
江　苏	134	44	64	24	2	0
浙　江	178	34	82	54	8	0
安　徽	35	3	15	10	7	0
福　建	60	13	25	21	1	0
江　西	35	6	16	12	1	0
山　东	159	17	69	67	6	0
河　南	61	7	23	22	9	0
湖　北	40	12	19	9	0	0
湖　南	70	16	28	19	7	0
广　东	205	62	81	58	4	0
广　西	61	13	23	21	4	0
海　南	61	19	33	9	0	0
重　庆	32	11	16	5	0	0
四　川	48	10	24	12	2	0
贵　州	20	2	9	8	1	0
云　南	48	12	21	9	6	0
西　藏	5	0	4	1	0	0
陕　西	51	6	22	20	3	0
甘　肃	24	1	7	13	3	0
青　海	6	2	2	2	0	0
宁　夏	4	0	3	1	0	0
新　疆	48	10	17	21	0	0

6-6 全国大中型星级饭店的营业收入总额

单位:万元

地区	营业收入	#客房	#餐饮	#其他
合计	**9 124 152.08**	**4 372 688.88**	**3 489 759.37**	**1 261 703.83**
北京	1 585 950.56	681 840.43	599 802.42	304 307.71
天津	136 042.76	57 570.01	48 355.85	30 116.90
河北	139 977.25	74 355.42	56 118.16	9 503.67
山西	84 592.18	41 185.33	31 495.41	11 911.44
内蒙古	81 812.70	32 594.92	44 509.90	4 707.88
辽宁	279 286.93	131 800.69	116 252.45	31 233.79
吉林	87 133.80	39 827.35	35 748.05	11 558.40
黑龙江	63 281.36	37 035.07	21 393.42	4 852.87
上海	1 062 372.07	501 533.07	407 207.25	153 631.75
江苏	677 141.59	268 012.42	325 852.99	83 276.18
浙江	908 322.16	369 454.37	422 675.65	116 192.14
安徽	118 274.86	64 261.69	45 435.03	8 578.14
福建	217 818.42	118 616.35	73 207.79	25 994.28
江西	87 759.89	47 868.09	32 982.96	6 908.84
山东	732 796.82	327 248.35	324 640.89	80 907.58
河南	174 564.22	74 339.56	74 273.04	25 951.62
湖北	142 077.11	66 662.34	48 357.94	27 056.83
湖南	218 702.32	110 251.73	72 968.34	35 482.25
广东	914 983.67	578 467.68	191 905.99	144 610.00
广西	191 133.86	86 978.04	83 510.87	20 644.95
海南	308 320.06	197 666.63	88 375.82	22 277.61
重庆	168 332.24	64 297.19	85 468.27	18 566.78
四川	227 763.26	126 693.61	76 366.06	24 703.59
贵州	45 455.12	28 089.91	14 149.41	3 215.80
云南	140 841.90	78 250.53	49 424.75	13 166.62
西藏	10 066.00	5 440.67	3 500.53	1 124.80
陕西	115 885.19	57 144.82	47 846.40	10 893.97
甘肃	38 925.43	23 501.88	11 503.70	3 919.85
青海	17 429.03	9 161.20	6 655.34	1 612.49
宁夏	16 785.39	8 655.85	4 510.17	3 619.37
新疆	130 323.93	63 883.68	45 264.52	21 175.73

6－7　全国大中型星级饭店的营业收入构成

地　区	营业收入（万元）	#客房（%）	#餐饮（%）	#其他（%）
合　计	**9 124 152.08**	**47.92**	**38.25**	**13.83**
北　京	1 585 950.56	42.99	37.82	19.19
天　津	136 042.76	42.32	35.54	22.14
河　北	139 977.25	53.12	40.09	6.79
山　西	84 592.18	48.69	37.23	14.08
内蒙古	81 812.70	39.84	54.40	5.75
辽　宁	279 286.93	47.19	41.62	11.18
吉　林	87 133.80	45.71	41.03	13.27
黑龙江	63 281.36	58.52	33.81	7.67
上　海	1 062 372.07	47.21	38.33	14.46
江　苏	677 141.59	39.58	48.12	12.30
浙　江	908 322.16	40.67	46.53	12.79
安　徽	118 274.86	54.33	38.41	7.25
福　建	217 818.42	54.46	33.61	11.93
江　西	87 759.89	54.54	37.58	7.87
山　东	732 796.82	44.66	44.30	11.04
河　南	174 564.22	42.59	42.55	14.87
湖　北	142 077.11	46.92	34.04	19.04
湖　南	218 702.32	50.41	33.36	16.22
广　东	914 983.67	63.22	20.97	15.80
广　西	191 133.86	45.51	43.69	10.80
海　南	308 320.06	64.11	28.66	7.23
重　庆	168 332.24	38.20	50.77	11.03
四　川	227 763.26	55.63	33.53	10.85
贵　州	45 455.12	61.80	31.13	7.07
云　南	140 841.90	55.56	35.09	9.35
西　藏	10 066.00	54.05	34.78	11.17
陕　西	115 885.19	49.31	41.29	9.40
甘　肃	38 925.43	60.38	29.55	10.07
青　海	17 429.03	52.56	38.19	9.25
宁　夏	16 785.39	51.57	26.87	21.56
新　疆	130 323.93	49.02	34.73	16.25

6-8 全国大中型星级饭店的住宿人数和人天数

地区	住宿人数			住宿人天数		
	总人数（万人）	入境旅游者（万人）	入境占百分比(%)	总人数（万人天）	入境旅游者（万人天）	入境占百分比(%)
合计	**9 659.28**	**1 431.14**	**14.82**	**16 442.30**	**3 281.70**	**19.96**
北京	1 258.54	265.77	21.12	2 588.88	616.44	23.81
天津	113.38	24.71	21.79	257.50	82.40	32.00
河北	266.38	8.31	3.12	413.93	21.36	5.16
山西	143.72	7.75	5.39	186.40	14.24	7.64
内蒙古	75.76	5.38	7.10	137.02	11.37	8.30
辽宁	265.60	44.81	16.87	496.00	143.14	28.86
吉林	78.15	13.07	16.72	132.40	33.37	25.20
黑龙江	93.45	7.16	7.66	149.22	17.25	11.56
上海	440.35	213.41	48.46	906.74	495.42	54.64
江苏	600.19	87.33	14.55	917.96	194.80	21.22
浙江	820.55	79.98	9.75	1 359.61	205.59	15.12
安徽	241.25	18.14	7.52	447.76	35.32	7.89
福建	185.94	27.56	14.82	347.09	72.41	20.86
江西	220.28	21.07	9.57	306.55	41.83	13.65
山东	667.65	76.38	11.44	1 167.90	183.69	15.73
河南	375.42	35.11	9.35	532.75	94.49	17.74
湖北	189.32	14.54	7.68	277.14	28.61	10.32
湖南	453.90	57.27	12.62	726.16	143.30	19.73
广东	908.44	241.20	26.55	1 433.25	456.89	31.88
广西	383.51	33.71	8.79	526.92	54.30	10.31
海南	494.86	20.37	4.12	730.64	67.02	9.17
重庆	137.47	18.49	13.45	225.15	60.04	26.67
四川	346.41	29.44	8.50	516.58	52.61	10.18
贵州	82.60	2.44	2.95	359.49	4.25	1.18
云南	313.39	32.11	10.25	460.05	54.36	11.82
西藏	11.90	2.54	21.34	27.93	6.22	22.27
陕西	218.11	26.44	12.12	354.38	60.76	17.15
甘肃	73.22	2.67	3.65	119.33	4.41	3.70
青海	24.90	1.12	4.50	43.08	2.60	6.04
宁夏	19.93	0.31	1.56	40.02	0.48	1.20
新疆	154.71	12.54	8.11	254.49	22.74	8.94

6-9 全国大中型星级饭店每间客房的收益

地区	饭店数（家）	饭店规模		客房出租率（%）	每间客房年收入（万元）	每间客房年接待人数（人）	每间客房年接待人天数（人天）
		客房数（间）	床位数（张）				
合计	**1 973**	**622 022**	**1 062 600**	**55.69**	**7.03**	**155.29**	**264.34**
北京	222	85 589	138 563	53.32	7.97	147.04	302.48
天津	31	8 889	13 789	43.62	6.48	127.55	289.68
河北	79	21 728	38 050	56.43	3.42	122.60	190.51
山西	23	6 081	10 422	59.25	6.77	236.35	306.53
内蒙古	18	5 975	10 322	58.42	5.46	126.79	229.33
辽宁	62	18 771	29 633	58.95	7.02	141.50	264.24
吉林	17	4 718	8 273	59.67	8.44	165.64	280.63
黑龙江	24	6 378	12 334	56.10	5.81	146.53	233.97
上海	112	41 222	62 045	51.18	12.17	106.83	219.96
江苏	134	39 747	62 817	52.23	6.74	151.00	230.95
浙江	178	50 572	92 950	58.39	7.31	162.25	268.85
安徽	35	12 114	21 851	68.33	5.30	199.15	369.62
福建	60	17 830	28 640	65.83	6.65	104.29	194.67
江西	35	8 921	15 209	69.20	5.37	246.92	343.62
山东	159	43 699	78 778	49.20	7.49	152.78	267.26
河南	61	22 876	43 385	63.38	3.25	164.11	232.88
湖北	40	12 277	19 862	54.81	5.43	154.21	225.74
湖南	70	22 164	35 513	74.27	4.97	204.79	327.63
广东	205	68 325	109 974	56.34	8.47	132.96	209.77
广西	61	17 870	35 285	57.86	4.87	214.61	294.86
海南	61	19 607	38 796	61.06	10.08	252.39	372.64
重庆	32	9 765	15 649	58.50	6.58	140.78	230.57
四川	48	14 928	25 211	60.59	8.49	232.06	346.05
贵州	20	5 318	8 228	58.41	5.28	155.32	675.98
云南	48	15 527	32 502	56.25	5.04	201.83	296.29
西藏	5	1 822	3 456	25.65	2.99	65.31	153.30
陕西	51	15 697	28 991	61.30	3.64	138.95	225.76
甘肃	24	6 938	13 202	52.99	3.39	105.53	172.00
青海	6	1 708	3 048	42.62	5.36	145.80	252.24
宁夏	4	1 132	1 800	48.67	7.65	176.06	353.49
新疆	48	13 834	24 022	59.45	4.62	111.84	183.96

6－10　全国大中型星级饭店的人均效益

地　区	全员劳动生产率（万元/人）	人均实现利润（万元/人）	人均实现税金（万元/人）	人均占用固定资产原值（万元/人）	年末从业人员（人）
合　计	**13.78**	**0.15**	**1.09**	**40.30**	**661 978**
北　京	17.59	－0.38	0.60	60.06	90 154
天　津	15.88	－0.50	0.80	24.19	8 569
河　北	5.60	－0.20	0.28	20.70	24 985
山　西	12.00	0.39	1.32	28.73	7 048
内蒙古	16.20	－0.35	0.25	37.94	5 050
辽　宁	12.28	－0.20	0.84	51.42	22 752
吉　林	14.09	－0.40	0.32	42.72	6 186
黑龙江	9.42	0.15	0.61	55.01	6 721
上　海	20.70	0.69	1.80	53.57	51 317
江　苏	15.71	－0.25	0.58	37.58	43 116
浙　江	14.66	0.88	1.70	31.45	61 955
安　徽	14.94	0.45	1.20	28.00	7 919
福　建	12.50	0.02	0.96	38.12	17 427
江　西	10.92	－0.20	0.43	31.68	8 040
山　东	15.32	0.46	1.20	28.62	47 823
河　南	16.88	0.66	1.64	70.49	10 341
湖　北	10.86	－0.17	0.53	34.18	13 088
湖　南	10.00	0.09	0.60	29.78	21 870
广　东	10.41	0.06	1.88	33.82	87 907
广　西	9.96	－0.51	0.02	29.26	19 186
海　南	16.94	2.38	3.18	62.67	18 206
重　庆	13.70	0.26	0.78	26.90	12 290
四　川	12.10	0.64	1.59	45.08	18 822
贵　州	8.70	－0.11	0.26	21.25	5 227
云　南	12.57	－0.35	0.54	39.96	11 202
西　藏	6.82	0.15	0.52	45.15	1 476
陕　西	10.36	－0.66	－0.20	36.97	11 183
甘　肃	6.57	0.04	0.41	33.39	5 928
青　海	9.32	－0.35	0.18	23.32	1 871
宁　夏	9.28	－0.58	0.20	51.07	1 808
新　疆	10.42	－0.55	0.16	36.59	12 511

责任编辑：许晓海　王　军
责任印制：冯冬青

图书在版编目（CIP）数据

中国旅游统计年鉴：副本．2010/中华人民共和国国家旅游局编．--北京：中国旅游出版社，2010.10
ISBN 978－7－5032－4043－0

Ⅰ．①中…　Ⅱ．①中…　Ⅲ．①旅游业－统计资料－中国－2010－年鉴　Ⅳ．①F592－66

中国版本图书馆 CIP 数据核字（2010）第 198867 号

书　　名：中国旅游统计年鉴（副本）2010

编　　著：中华人民共和国国家旅游局
出版发行：中国旅游出版社
（北京建国门内大街甲 9 号　邮编：100005）
http：//www.cttp.net.cn　E-mail：cttp@cnta.gov.cn
发行部电话：010－85166507　85166517
排　　版：北京中文天地文化艺术有限公司
印　　刷：北京建筑工业印刷厂
版　　次：2010 年 10 月第 1 版　2010 年 10 月第 1 次印刷
开　　本：787 毫米×1092 毫米　1/16
印　　张：12.25
字　　数：250 千字
定　　价：120.00 元
I S B N　978－7－5032－4043－0